본 생 경 ①

불교경전 **19**

본 생 경 ①
(本生經)

석존의 전생담 ● 이미령 譯

민족사

일러두기

1. 민족사판 본생경 ①은 팔리장경의 소부아함에 수록된 쟈타카(본생경) 중에서 니다나카타(인연 이야기)를 번역한 것이다.
2. 번역은 가능한 누구나 읽기 쉬운 평이한 문장체로 번역하고자 노력하였다.
3. 사이사이의 중간 제목은 원전에는 없지만 독자의 편의를 위하여 붙인 것이다.
4. 역주와 해설은 역자가 붙인 것이다.

본 생 경 ①

차 례

니다나카타(인연 이야기)

본생경 ①

서(序)[1]

세상에서 가장 귀하신 스승이시고 수행을 완성하신
분, 위없이 지극한 깨달음을 얻으신 님〔부처님〕께 마음
속 깊은 숭배를 바치나이다.

세계의 구원자이신 대현자 부처님은 백억 번 거듭
세상에 나시어 세간 사람을 위해 한없는 이익을 주시
었다.

먼저 이러하신 부처님 발 아래 예배하고, 가르침에
도 합장하고, 모든 존숭의 그릇이신 승단에도 경례하
며, 이렇게 불·법·승 삼보[2]에 지극한 찬양을 올리
고, 그로부터 비롯된 공덕의 위력에 의해 모든 장애를
극복하며 찬란히 빛나는 부처님께서 여러 인연에 의
해 설하신 〈아판나카 쟈타카[3](본생경 첫번째 이야
기)〉를 비롯한 여러 가지 오랜 《쟈타카[4](본생 이야

기)》를, 곧 그 중에서, 세계를 구제하시려는 대사(大師)·도사(導師)께서 영원 속에서 깨달음을 위해 한없는 자량(資糧)을 성숙시키신, 갖가지 이야기를 전부 하나로 엮어 모은 가르침을 집성가들은 《쟈타카(본생경)》라 부르며 함께 지송하여 전하였다.

이러한 부처님의 전통이 영원토록 세상에 머물기 바라는 마하비하라(大寺)[5]의 앗타닷싱 장로는 내게로 와 그 풀이〔釋義〕를 설해 주십사 간청하였고, 세속과 어울리지 않고 은둔하여 마음이 고요하고 지혜 깊은 불제자 붓다밋타도 내게 와 간절히 청하였으며, 화지부(化地部)[6] 계통의 수행승이며, 이치에 밝고 드맑은 지성을 갖춘 붓다데바도 내게 와 청하였다.

위대한 사람〔보살[7]〕의 행위는 그 위력이 지극히 부사의 하나니 그것을 밝히려는 《쟈타카》의 석의를, 마하비하라에 살고 있는 사람들이 설명하는 방식에 의하여 나는 설하고자 한다. 어질고 선한 이들이여, 이제 그것을 설하고자 하니 부디 귀를 기울이지 않으려는가!

세 가지 인연 이야기

이 《쟈타카 석의(釋義)》에는 오랜 인연 이야기, 그다지 오래지 않은 인연 이야기, 그리고 가까운 인연 이야기의 세 이야기가 있다. 그것을 먼저 살펴본 뒤에 부연하여 설명하는 것이 사람들의 이해를 돕는 데 한결 용이하리라 본다. 즉 《쟈타카》를 분명하게 알기 위하여 먼저 이들 세 개의 인연 이야기를 서술한 후에 《쟈타카》의 뜻풀이를 설명하고자 한다. 그런데 우선 제일 먼저 이들 인연 이야기를 어떻게 구별했는지 알아야 하겠다.

대사(大士),[8] 다시 말하면 보살이 디팜카라(연등불)의 발 아래 엎드려 장래 부처가 되겠다는 결심을 아뢴 후 벳산타라 왕자[9]의 신분에서부터 도솔천에 태어나기까지의 이야기를 〈오랜 인연 이야기〉라 한다. 그리고 도솔천(兜率天)[10]에서 내려와 깨달음의 자리에 앉아 일체를 환히 아는 지혜를 얻기까지의 이야기를 〈그다지 오래지 않은 인연 이야기〉라고 하며 〈가까운 인연 이야기〉란 이곳저곳에 머물면서 겪은 경험담이다.

그 가운데에서 〈오랜 인연 이야기〉는 다음과 같다.

제1장 오랜 인연 이야기

수행자 수메다

전해 오는 이야기에 따르면 지금으로부터 4아산키야[11]를 더한 십만 겁 과거에 아마라바티 도시가 있었는데 그곳에 수메다[12]라는 수행자가 살고 있었다.

그의 모계와 부계는 모두 태생이 청정한 좋은 가문으로서 7대를 내려오면서 가문의 청정함이 흐트러진 적 없었고 또한 족성(族姓)으로부터도 비난받은 일이 없었다. 그는 수려하고 아름다우며 단정하였고 더할 나위 없이 훌륭한, 마치 연꽃과도 같이 뛰어난 용모를 지니고 있었다. 그리고 그는 다른 직업은 갖지 않은 채 바라문(婆羅門)[13]의 학문과 기예만을 배우고 있었다.

그러나 그는 젊었을 때 양친을 잃게 되었다. 그러자 그 재산을 맡아 관리하던 집사(執事)가 청동으로 만든 재산목록을 갖고 와서 금·은·보석·진주 등으로 가득 찬 보물창고를 열고 그에게 아뢰었다.

"수메다여, 이만큼이 당신 어머님의 재산이고 이만큼이 아버님의 재산, 이만큼이 할아버님, 증조할아버님의 재산입니다."

집사는 7대로부터 이어 내려오는 가문의 재산을 알려 주고 나서 잘 지키도록 당부하였지만 현명한 수메다는 생각하였다.

"이만큼의 재산을 쌓았으면서도 나의 조상들은 내세를 향해 길을 떠날 때에는 한 푼도 가져가지 못했다. 그러니 나는 이것을 가져갈 조건을 만들어내야 한다."

그래서 그는 왕에게 알려서 네거리에 큰 북을 울려 사람들을 모이게 하여 그들에게 보시하였다. 그리고 그 자신은 출가하여 고행자가 되었다.

수메다의 생각

어느 날 현자 수메다는 궁전 누각 위에서 고요히 두 발을 포개고 앉아〔結跏趺坐〕 생각하였다.

"새로운 다음 세상에 또다시 생을 잇는다는 것은 괴로움이다. 마찬가지로 태어날 때마다 끝내는 죽어서 몸이 부서지는 것 또한 괴로움이다. 그러나 나의 본질은

태어나 늙고 병들어서 죽는 것이다. 이러한 요소를 지닌
나로서는 생도 없고 늙음도 없으며 병도 없고, 괴로움과
즐거움도 없는 맑고 서늘한 불사(不死)의 완전한 깨달
음의 경지(大般涅槃)를 추구하지 않을 수 없다."
　그리하여 이렇게 설해졌다.

　내 홀로 고요한 곳에 물러나 앉아 있을 때
　이렇게 깊이 생각하였다.
　'새로운 생은 괴로움이요,
　몸이 무너지는 일 또한 괴로움이다.

　그러므로 나는 본질적으로
　태어나서 늙고 병드는 자로서
　늙고 죽음이 없는 편안한 적정,
　다시 말하면 열반을 구해야 할 일이다.

　나는 갖가지 썩은 살덩이로 가득 찬
　부패한 이 몸뚱이를 버리고
　조금도 미련을 갖거나 바라지도 않는 이가 되어
　떠나 버리고 싶다.

　그 길은 드러나 있다.
　어쩌면 곧 드러날 것이다.

없을 리가 없다.
나는 삶으로부터 자유롭기 위해
이 길을 찾아 나서야 한다.'

생사와 열반

그후 그는 또 생각했다.
'세상에는 괴로움의 반대가 되는 즐거움이 있듯이, 삶이 있다면 그 반대인 삶 아님도 있을 것이다. 마치 무더위가 있다면 그것이 사라져 버린 상태인 추위가 있듯이, 탐욕 따위가 다한 고요한 상태도 분명히 있을 것이다. 또한 사악하고 저속한 가르침에 반대되는 선량하고 그릇되지 않은 가르침이 있듯이, 사악한 생이 있다면 모든 생을 버림으로써 불생(不生)이라고 불릴 수 있는 고요한 상태도 있을 것이다.'
그리하여 이렇게 설해졌다.

괴로움이 있으면 즐거움도 있듯이,
삶이 있으면 삶 아닌 것도
원해야 마땅할 것이다.

또 무더위가 있으면 추위도 있듯이,

세 가지 불(火)인 이른바
탐욕, 성냄, 어리석음의 번뇌가 있다면,
미망의 불이 꺼진 열반도 원해 마땅할 것이다.

사악함이 있다면 선량함도 있듯이,
생이 있다면 불생(不生) 또한 원해 마땅할 것이다.

잘못은 길을 찾지 않는 이에게 있다

그는 또 이렇게 생각했다.

'마치 분뇨 속에 몸을 담그고 있는 사람이, 그곳에서 멀리 떨어져 있는 다섯 빛깔의 연꽃으로 가득 찬 커다란 연못을 바라보며, '어느 길을 택해야만 그곳에 가 닿을 수 있을까' 하면서 그 연못을 모색하는 것은 당연하다. 만약 그가 연못을 찾지 않는다면 그것은 연못의 잘못이 아니다. 마찬가지로 번뇌의 때를 씻은 불사(不死)의 완전한 깨달음의 경지라고 하는 연못이 있음에도 불구하고, 그곳에 이르는 길을 찾지 않는다면, 그것은 불사의 위대하고 고요한 상태인 연못의 잘못이 아니다.

또한 만약 도둑들에게 포위당한 사람이 달아날 길이 있음에도 불구하고 달아나지 않는다면, 그것은 길의 잘못이 아니라 순전히 그 사람의 잘못이다. 그와 같이 심신을 어지럽히는 것들로 둘러싸여 있는 사람이, 고요한 상태를 향한 안전한 길이 있음에도 불구하고 그 길을 찾으려 하지 않는다면, 그것은 길의 잘못이 아니라 순전히 그 사람의 잘못이다.

또한 병든 사람이 병을 고쳐줄 수 있는 의사가 있음에도 불구하고, 그 의사를 찾아가 병을 치료하려 하지 않는다면 그것은 의사의 잘못이라 할 수 없다. 마치 좋지 못한 마음의 작용인 번뇌라는 병에 시달리고 있는 사람이, 번뇌를 잠재울 방법을 알고 있는 스승이 있음에도 불구하고 그 스승을 찾지 않는다면 그것은 순전히 그 사람의 잘못일 뿐, 번뇌를 소멸시키는 스승의 잘못이 아니다.'

그리하여 이렇게 설해졌다.

마치 분뇨에 빠진 사람이
물이 가득한 연못을 보고도
그곳으로 가는 길을 찾지 않는다면
그것을 연못의 잘못이라 할 수 없듯이,

번뇌의 더러움이 씻긴
맑은 불사(不死)의 연못이 있음에도 불구하고
그 연못을 구하지 않는다면
잘못은 불사의 연못에 있지 않다.

마치 적들에게 포위당한 사람이
달아날 길이 있음에도 불구하고
달아나지 않는다면
그것은 길의 잘못이라 할 수 없듯이,

심신을 어지럽히는 것으로 둘러싸인 자가
행복의 길이 있음에도 불구하고
그 길을 찾아 나서지 않는다면
잘못은 행복의 길에 있는 것이 아니다.

마치 병든 자가 의사가 있음에도 불구하고
의사에게 병을 치료받으려 하지 않는다면
그것은 의사의 잘못일 수 없듯이,

좋지 못한 마음 작용의 병으로 괴로워하는 자가
시달림을 받으면서도 스승을 구하지 않는다면
잘못은 스승에게 있는 것이 아니다.

썩어버린 육체를 버리다

그는 또 이렇게 생각했다.
'몸을 항상 깨끗하게 유지하기를 즐거워하는 사람이

만약 시체를 머리에 걸어두게 된다면 그는 그것을 버림
으로써 마음이 상쾌해지듯이, 나도 또한 부패한 이 몸뚱
이를 버리고 미련없이 깨달음의 성(城)으로 들어가야만
한다. 마치 남녀가 각기 변소에서 대소변을 보고 그것을
앞치마나 옷자락에 싸가지 않고 미련없이 버리고 가듯
이, 나 또한 썩어버린 이 몸뚱이를 아쉬움없이 버리고
불사의 깨달음의 성(城)으로 들어가지 않을 수 없다.

또는 선주(船主)들이 낡은 배를 미련없이 버리듯이
나도 아홉 개의 구멍에서 더러운 것이 새어나오는 이
몸뚱이를 아쉬움없이 버리고 불사의 깨달음의 성으로
들어가야 한다.

또한 갖가지 보물을 지니고 도둑들과 함께 길을 가게
된 사람이 자기의 보물을 잃을까 두려워하여 그들을 떨
쳐 버리고 안전한 길을 골라 가듯이 부서지기 쉬운 이
몸뚱이는 보물을 빼앗으려는 도둑과도 같아, 만약 내가
이에 대해 애착을 갖게 된다면 성스러운 길인 보물을
잃어버릴 것이다. 따라서 나는 도둑과도 같은 이 몸뚱
이를 버리고 마음이 고요한 성으로 들어가지 않을 수
없다.'

그리하여 이렇게 설해졌다.

사람이 만약 시체를 머리에 두게 된다면
그는 그것을 싫어하며 빠져나와서야

비로소 편안하고 뜻대로 되며
자유로운 몸이 될 수 있듯이

갖가지 부패한 것들을 쌓아둔 것과도 같은
썩은 이 몸을 버리고
나는 아쉬움도 바람도 없는 자가 될 것이다.

남자나 여자가 변소에서 배설한 대변을
아쉬움없이 버리고 떠나가듯이
갖가지 더러움으로 가득한 이 몸을 버리고
나는 갈 것이다.
마치 소변을 본 뒤에 변소에서 나와 가듯이

또 낡고 부서져 물이 새는 배를 주인이 버리고는
아쉬워하거나 바라는 일없이 떠나가듯이
아홉 구멍에서 언제나
깨끗하지 못한 것들이 새어나오는
이 몸을 버리고 마치 선주가 부서진 배를 버리듯
떠나갈 것이다.

혹은 보물을 지닌 사람이
도둑들과 함께 길을 갈 때,
보물을 잃을까 염려하여 그들을 떨치고 떠나가듯이

오랜 인연 이야기

흡사 이 몸뚱이는 큰 도둑과도 같으니
선한 것을 잃을까 염려되는 까닭에
나는 그것을 버리고 떠나갈 것이다.

수메다의 출가 수행

이리하여 현자 수메다는 갖가지 비유에 의해 미망의
세계를 떠날[出離][14] 뜻을 품고 자신의 집에 있는 엄청
난 재산을 ─앞에서 이야기했듯이─ 걸인이나 나그네에
게 희사하는 위대한 보시를 행하였다. 그리고 외부의 대
상을 향한 욕망이나 정신적인 욕망을 버리고 아마라 도
시를 뒤로 한 채 떠났다.
　　그후 그는 홀로 히말라야[雪山] 기슭에 있는 굼마카
라는 산 부근에 암자를 짓고 나뭇잎으로 엮은 오두막
집과 다섯 가지 결점[15]을 피한 후에 '마음이 고요하게
통일되어 편안해진 상태[三昧]에 들어있는 때'라고 표
현되고 있는 여덟 가지 이로움[16]을 갖춘 경행처(經行
處)[17]를 지었다.
　　그리고 자유자재하게 움직일 수 있는 힘을 갖기 위해
암자에서 아홉 가지 결점[18]이 있는 옷을 벗어 버리고 열
두 가지 이로움[19]을 갖춘 나무껍질 옷을 입고 선인(仙
人)생활을 위해 출가하였다.

이렇게 출가한 후 여덟 가지 결점[20]이 가득 찬 나뭇잎으로 엮은 오두막을 버리고 열 가지 이로움[21]이 있는 나무 밑둥으로 가서 곡류로 만든 음식물은 일체 피하고 야생과일을 먹었다. 이곳에서는 오로지 앉거나 서거나 혹은 고요히 산책을 하면서 정진 노력하여 불과 이레만에 여덟 가지 삼매[22]와 다섯 가지 힘[五力][23]을 얻었다.

이리하여 그는 바라던 대로 자유자재하게 움직일 수 있는 힘을 얻은 것이다.

그리하여 이렇게 설해졌다.

나는 이와 같이 생각하여
수많은 재산을 가난한 자에게 베푼 후에
설산(雪山)으로 향하였다.
설산에서 그다지 멀지 않은 굼마카라는 산이 있어
그곳에 나는 암자를 짓고
나뭇잎으로 엮은 오두막을 지었다.

나는 다섯 가지 결점을 피하고
여덟 가지 이로움을 갖춘 경행처를 지어
그곳에서 자유자재로이 움직일 수 있는 힘을 얻었다.
그리고 아홉 가지 결점이 있는 옷을 벗어 버리고
열두 가지 이로움이 있는 나무껍질 옷을 입었다.

여덟 가지 결점이 있는 오두막을 버리고
열 가지 이로움이 있는 나무밑둥을 향하였다.
씨 뿌려 수확한 곡류는 전혀 입에 대지 않고,
나는 무한한 이로움을 갖춘 야생과일을 먹었다.

그곳에서 나는 옆으로 눕거나 서거나
혹은 고요히 거닐면서 정진하여
이레 만에 자유로이 움직일 수 있는 힘을 얻었다.

디팜카라 부처님의 출현

이리하여 자유로이 움직일 수 있는 힘을 가진 고행자 수메다가 고요한 명상의 즐거움에 빠져 나날을 보내고 있는 동안, 디팜카라라는 부처님이 세상에 나오셨다.

이 부처님이 모태에 들어 탄생하시어 깨달음을 열어 가르침을 베푸셨을 때, 1만 큰 세계〔鐵圍山〕24)는 모두 진동하고 동요하며 전율하고 크게 소리질러 메아리치면서 부처님임을 증명하는 서른두 가지 두드러진 신체적 특징〔三十二相〕의 징후를 나타냈다. 그러나 고행자 수메다는 고요한 명상의 즐거움에 빠져 나날을 보내고 있던 까닭에 그 소리도 듣지 못했고 그 징후도 알아채지 못하였다.

그리하여 이렇게 설해졌다.

이리하여 내가 완성의 경지에 도달하여
스스로 깨달은 가르침을
자유롭게 만끽하고 있는 동안
디팜카라라는 승리자,
세계의 지도자(부처님)가 출현하시었다.

이 부처님이 태(胎)에 의지하여 나시고
깨달으시며 가르침을 설하시는 동안
나는 고요한 명상의 즐거움에 몰입하여
이러한 네 가지 모습을 깨닫지 못하였다.

이때 열 가지 힘〔十力〕[25]을 갖추신 디팜카라 부처님께
서는, 번뇌를 끊은 40만 명의 제자를 거느리시고 여러
나라를 두루 다니시다가 람마라는 거리에 도착하시어
수닷사나 대승원에 머무셨다.
　람마 거리의 주민들은 "수행자들의 스승인 디팜카라
께서 위없이 뛰어난 깨달음을 얻고, 귀한 가르침을 베푸
시다가 람마 거리에 도착하시어 수닷사나 대승원에 머
물고 계신다"는 이야기를 전해 듣고, 딱딱하거나 부드러
운 버터, 혹은 약품과 옷감, 옷 등을 하인에게 들리고,
자신은 향료나 화환을 손에 들고 마음을 불·법·승 계

신 곳으로 향하고 의지하고 기울여 스승께 다가가 예배하고, 향료 등을 공양한 후 강당의 한쪽에 앉았다. 그들은 모두 부처님의 설법을 듣고 나서 다음날의 식사에 초대한 뒤 자리에서 일어나 돌아갔다.

다음날, 그들은 공양 올릴 성대한 음식을 준비하면서 거리를 꾸미고, 열 가지 힘 갖추신 분 디팜카라께서 오실 길을 치장하고, 물로 패여진 구덩이에 흙을 채워 평평하게 하고, 그 위에 다시 은색 모래를 뿌리거나 곡류라쟈꽃과 그 외 갖가지 꽃을 흩뿌렸다. 또 색색깔로 물들인 천으로 깃발이나 당번을 내걸고 바나나와 물을 가득 채운 그릇을 나란히 두었다.

수메다의 하늘날기

이때 고행자 수메다는 자신의 암자에서 하늘로 날아올라 이곳 사람들의 머리 위를 너울너울 날고 있었다. 그는 마을 사람들이 대단히 즐거워하고 있는 모습을 보고 "대체 무슨 일인가?" 하고 의아하게 여겨 땅으로 내려와 한곳에 서서 사람들에게 물었다. "여보시오. 대체 무슨 일이 있기에 거리를 단장하고 있는 것이오?"

그리하여 이렇게 설해졌다.

변두리 땅에서 깨달음을 완성하신 부처님을 초대하여
그분 오실 길을 사람들은 기쁜 마음으로
깨끗하게 하고 있었다.
그때 나는 암자를 나와
나무껍질 옷을 휘날리며 하늘을 날고 있었다.

나는 기쁨에 들떠서
만족스러워 하고 있는 사람들을 보고
하늘에서 내려와 물었다.
"많은 사람들이 기뻐하고 만족해 들떠 있는데
대체 누구를 위해 거리를 단장하고 있는 것이오?"

마을 사람들은 답하였다.
"수메다여, 당신은 모르셨습니까? 열 가지 힘 갖추신
분 디팜카라께서는 바른 깨달음을 얻으시어 귀한 가르
침을 설하시며 여러 나라를 두루 다니시다 마침내 우리
들의 마을에 도착하시어 지금 수닷사나 대승원에 머물
고 계십니다. 우리들은 내일 저 세존[26]을 모시기로 한
까닭에, 불타이신 세존께서 오실 길을 아름답게 단장하
고 있는 중이랍니다."
고행자 수메다는 이 말을 듣고 생각하였다.
'이 세상에서 불타라는 소리를 듣는다는 것만도 어려
운 일이거늘 그 불타께서 세상에 출현하셨을 때 만나

뵙는 일은 더더욱 드문 일이다. 나는 지금이라도 이들과 함께 열 가지 힘 갖추신 분께서 오실 길을 단장해야만 한다.'

그리고 수메다는 마을 사람들에게 청하였다.

"만약 당신들이 부처님을 위해 이 길을 꾸미고 있다면 나에게도 한 군데 나눠 주지 않으시렵니까? 나도 당신들과 함께 길을 단장하고 싶습니다."

"물론이죠."

마을 사람들은 기꺼이 수락했다.

"고행자 수메다는 초인적인 힘을 가진 이다"라는 소문을 전해 듣던 터라 곧 물로 패여진 길을 생각해 내곤 그곳을 맡겼다.

"그러면 당신은 이곳을 맡아 주십시오."

수메다, 진흙 위에 몸을 던지다

수메다는 부처님을 향한 기쁨에 젖어 생각하였다.

'나는 이곳을 초인적인 힘으로 단장할 수도 있다. 그러나 그렇게 하는 것으로는 만족할 수 없다. 오늘 나는 이 몸으로 기꺼이 봉사해야만 하리라.'

그리고는 흙을 날라 와서 그 웅덩이를 메워 나가기 시작했다.

그러나 수메다가 미처 그 일을 다 끝내기도 전에, 열 가지 힘 갖추신 분 디팜카라는 큰 위력이 있어 여섯 가지 자유자재하게 움직일 수 있는 힘〔六神通[27]〕을 갖춰 번뇌를 모두 멸한 제자 40만 명을 거느리고, 천인들이 하늘의 향료와 꽃다발을 공양하며 하늘 노래를 연주하고, 사람들이 인간세상의 향료와 꽃다발을 공양하는 가운데, 무량한 부처님의 덕을 갖추고 마노실라산 정상을 뛰어오르는 사자와도 같이 잘 꾸며지고 정돈된 그 길을 향하여 오시었다.

고행자 수메다는 두 눈을 크게 뜨고, 잘 가꾸어진 길을 따라 이쪽으로 오시는, 또 부처님에게만 있는 열 가지 힘을 갖추신 분의 몸을, 다시 말하면 삼십이상(三十二相)을 갖추시고 게다가 팔십 가지의 뛰어난 특징〔八十種好〕을 지니고 여덟 자〔一尋〕의 광명에 둘러싸이신, 그리고 보석빛으로 빛나며 갖가지 번개불처럼 소용돌이치기도 하며 좌우 대칭을 이루기도 하는 선명한 여섯 색깔의 부처님의 광명을 놓고 있는, 더할 나위 없는 아름다움을 갖추신 부처님의 몸을 우러러보았다.

그리고 수메다는 생각하였다.

'오늘 나는 이 열 가지 힘 갖추신 분을 위해 기꺼이 목숨을 버리리라. 세존께서 더러운 흙에 발을 담그시지 않도록, 마치 보석다리를 건너시듯 번뇌를 끊으신 40만 명의 제자들과 함께 나의 등을 밟고 가시게끔 하고 싶

다. 왜냐하면 그것은 머지않아 나에게 영원한 이익과 안락을 가져다 주게 될 것이기 때문이다.'

수메다는 곧 머리를 풀고 카모시카 껍질과 머리털과 나무껍질로 만든 옷을 더러운 진흙 위에 펼치고 보석다리와도 같이 몸을 던져 엎드렸다.

그리하여 이렇게 설해졌다.

그들은 나의 물음에 대답하였다.
"지극하신 부처님,
디팜카라 부처님께서 세상에 나투셨습니다.
그분을 위하여 거리를 바르게 장식하는 것입니다."

'불타'라는 말을 듣자 내게는 그 순간
기쁨의 마음이 치솟아
'불타! 불타!'라고 탄성을 발했다.
그곳에 서서 만족하고 들뜬 나는 이렇게 생각했다.

'나는 여기에 씨를 뿌려야겠다.
기회를 놓칠 수는 없다.'
"만약 여러분이 부처님을 위해 길을 단장한다면
내게도 한 군데를 주었으면 합니다.
나도 길을 곧게 꾸미고 싶습니다."

그들은 내게 곧게 만들고 단장해야 할 곳을 주었다.
그래서 나는 '부처님! 부처님!' 하고 염(念)하면서
길을 단장하기 시작했다.

내가 미처 그곳을 다 단장하기도 전에,
위대한 성자이신 디팜카라께서는,
똑같이 여섯 신통을 갖추고 번뇌를 끊어 없앴으며,
티끌로부터 떠나신 제자 40만 명과 함께
곧장 길을 걸어오시었다.

부처님을 맞이하는 행사가 벌어져
수많은 큰 북이 울리고
인간과 하늘 사람들〔天人〕은 기뻐
환호의 소리를 올렸다.

천인(天人)은 사람을 향해,
사람도 또한 천인을 향해 함께 합장하면서
깨달음의 완성에 이르신 부처님을 따랐다.
천인은 하늘의 악기로,
인간은 인간세상의 악기로 함께 연주하면서
깨달음의 완성에 이르신 부처님을 따랐다.

하늘의 만달라바꽃과 연꽃,

그리고 주호나무를
하늘에 사는 수많은 천인은 사방에서 흩뿌렸다.
챰파카, 사랄라, 니파, 나가, 게타카 등의 향꽃을
땅 위에 사는 사람들은 사방에서 흩뿌렸다.

그곳에서 나는 머리를 풀고
나무껍질 옷과 동물가죽 옷을
진흙 위에 펼치며 엎드렸다.
"부처님께서는 제자들과 함께 저를 밟고 가소서.
진흙을 밟지 마소서.
이는 저의 복덕이 될 것입니다"라고 서원하면서.

수메다의 맹세

그는 진흙에 엎드린 채로 다시 한 번 두 눈을 크게
뜨고 열 가지 힘 갖추신 디팜카라 부처님의 존엄함을
우러러보면서 이렇게 생각하였다.
'만약 내가 바라기만 한다면, 모든 번뇌를 멸한 후에
승단의 젊은이로서 람마 거리에 들어갈 수도 있을 것이
다. 그러나 나는 누구에게도 알려지지 않은 채 스스로
악한 마음을 멸하여 열반을 얻을 수는 없다. 나도 열 가
지 힘 갖추신 디팜카라처럼 가장 수승한 깨달음에 도달

해서 수많은 사람들을 가르침이라는 배에 태워 미망의
세계해[윤회]로부터 구원한 후에 완전한 깨달음에 들어
가리라. 이것이 내가 해야 할 일일 것이다.'
　그리고 나서 여덟 가지 덕성[28]을 갖추어 부처가 되고
자 결심하고 그곳에 엎드려 있었다.
　그리하여 이렇게 설해졌다.

　땅위에 엎드린 내게 이러한 생각이 떠올랐다.
　'오늘 나는 바라기만 한다면
　내 악한 마음의 움직임을 멸할 수도 있을 것이다.

　내가 여기서 누구에게도 알려지지 않은 채
　진리를 나의 것으로 한다면
　그것만으로는 아무런 의미가 없을 것이다.
　오히려 나는 모든 것을 아는
　지혜[일체지]에 도달하여
　천상계는 물론이고 이 세계에서 부처가 되어
　사람들을 위해 가르침을 펴리라.

　내가 힘을 얻어 나 홀로 미망을 뛰어넘는다 한들
　그것만으로는 아무런 의미가 없을 것이다.
　오히려 나는 일체지에 도달하여
　천상계는 물론이고 이 세계에서 사람들로 하여금

두루 미혹을 뛰어넘게끔 하리라.

내가 힘을 얻어 사람들에게 최선을 다함으로써
나는 저절로 일체지에 도달하리라.
그리고 다른 많은 사람들로 하여금
미혹을 뛰어넘도록 하리라.

윤회를 끊고 미혹된 삼계(三界)[29]의 삶을 부수고
진리의 배에 올라 천상계를 포함한 이 세계에서
두루 사람들로 하여금 미혹을 건너뛰게 하리라.'

그러나 부처가 되고자 마음먹은 사람으로서
사람이어야 할 것,
완전한 남성이어야 할 것,
깨달음을 얻을 인연이 있어야 할 것,
큰 스승[부처]을 만나야 할 것,
출가를 할 것,
덕을 갖출 것,
부처님에 대해 최선을 다할 것,
그리고 수행에 강한 뜻을 지녀야 할 것이라는,
이들 여덟 가지 덕성이 모아져야만
비로소 부처가 되려는 굳은 마음이 성취되는 것이다.

디팜카라 부처님의 예언

디팜카라 부처님은 그곳으로 와서 고행자 수메다의 머리 쪽에 우뚝 서신 채, 보석으로 만든 창을 여는 것과 같이 오색의 맑고 푸르게 빛나는 두 눈을 뜨시고 고행자 수메다가 진흙 위에 엎드려 있는 모습을 보시었다. 그리고 생각하시었다.

'이 고행자는 부처가 되기 위해 굳은 의지로 여기에 엎드리게 되었구나. 그렇다면 그 바람은 과연 이루어질 것인가, 이루어지지 않을 것인가?'

그리고 나서 먼 후일을 고요히 생각해 보시었다.

"지금으로부터 4아산키야를 더한 십만 겁 후에 고타마라는 이름의 부처가 되리라."

그리고 많은 사람들이 있는 자리에서 예언하시었다.

"그대들은 여기 진흙 위에 엎드려 참으로 견디기 힘든 고행을 하고 있는 고행자가 보이느냐?"

"그러하나이다. 세존이시여. 말씀하신 대로 저희들은 보고 있나이다."

"그는 부처가 되고자 하는 굳은 마음으로 여기에 이렇게 엎드리고 있는 것이니라. 그리고 그의 바람은 장차 반드시 성취되리라. 지금으로부터 4아산키야를 더한 십만 겁 후에 그는 고타마라 하는 이름의 부처가 되리라.

그의 일생을 보면, 카필라바스투라는 도시에서 살 것이며, 마야(摩耶)라는 왕비가 어머니요, 아버지는 숫도다나[淨飯王]국왕이리라. 가장 훌륭한 제자는 우파딧사(사리붓다 : 舍利弗) 장로, 두 번째 제자는 코리타(목갈라나 : 目犍連)라 이름하며 시자(侍者)는 아난다(아난 : 阿難)라 하고 가장 뛰어난 비구니 제자는 케마라고 하는 장로 비구니요, 두 번째 비구니 제자는 웃팔라반나라는 장로 비구니이리라. 지혜가 무르익을 나이가 되면 위대한 출가를 할 것이요, 엄청난 고행을 쌓은 뒤에 니그로다나무 아래에서 우유죽30)을 받고 네란쟈라 강가에서 그것을 먹은 후 깨달음을 열 자리에 올라 앗삿타나무〔보리수〕아래에서 완전한 깨달음을 열 것이니라." 그리하여 이렇게 설해졌다.

　　세간을 아시는 분,
　　공양을 받을 자격 있는 디팜카라 부처님은
　　내 머리 가까이 멈추어 서서 이렇게 말씀하셨다.

　　"이 견디기 힘든 고행을 하고 있는
　　머리 묶은 행자를 보라.
　　그는 지금으로부터 수억만 년이 지난 후
　　세상에 출현하여 부처가 될 것이니라.

진실로 깨달음의 완성에 이르신 분〔如來〕은
카필라라고 일컫는 아름다운 도시에서 출가하여
격렬한 정진과 노력을 하고 나서
니그로다나무 아래에 앉아 우유죽을 공양받은 뒤
네란쟈라강으로 갈 것이니라.

승리자이신 그분은 네란쟈라 강가에서
우유죽을 마시고 가지런하고 아름다운 길을 걸어
보리수 아래로 가게 되리니.

그곳에서 이 위없는 이는
깨달음의 자리를 오른쪽으로 돌아
공손히 예를 갖춘 후 보리수 아래에서
깨달음을 열어 위대한 명성을 얻게 될 것이니라.

이 부처님의 생모는 마야, 아버지는 숫도다나,
그는 고타마라 불릴 것이며,

몸과 마음이 산란하지 않으며
탐욕스런 마음을 떠나 고요하여
삼매를 얻은 우파딧사(사리불)와
코리타(목건련)가 가장 높은 제자가 될 것이다.

아난다라 이름하는 시자(侍者)가
이 수승하신 분을 모실 것이요,
케마와 웃팔라반나가
가장 높은 비구니 제자가 될 것이며,

그들은 몸과 마음이 산란하지 않으며
탐욕스런 마음을 떠나
고요하여 삼매를 얻을 것이니라.
세상에서도 가장 존귀한 스승의 보리수는
앗삿타라 불리리라.”

인간과 하늘의 기쁨

고행자 수메다는 이를 듣고 기쁨에 가득 넘쳤다.
“나의 소원은 반드시 이루어지고 말리라.”
수많은 사람들도 열 가지 힘 갖추신 디팜카라 부처님
의 말씀을 듣고 말할 수 없이 즐거워하였다.
“고행자 수메다는 분명 부처님이 되실 씨앗이요, 부처
님이 되실 싹이로다.”
그리고 짐짓 서원을 세워 말하였다.
“만약 사람이 강을 건너려 할 때, 건너편 강 기슭의
나루터에 미처 오르지 못했을 경우에는 하류 나루터에

올라가듯이, 열 가지 힘 갖추신 디팜카라님의 가르침으로 진리의 열매를 얻지 못한 우리들은 당신이 장차 부처님이 되실 때 당신 앞에서 깨달음의 길과 열매를 직접 체득케 되길 바라옵니다.”

열 가지 힘 갖추신 디팜카라는 깨달음을 얻으려는 이〔보살〕를 한량없이 찬탄하시고 여덟 묶음의 꽃다발을 그에게 올려 공양하고 지극한 예로서 오른편으로 돌아 경배하고 떠나갔다. 40만 명의 번뇌를 멸한 제자들도 수메다 보살에게 향료와 꽃다발을 올리고 오른편으로 돌아 공손히 예배한 후 떠나갔다. 하늘도 인간도 한결같이 공양하여 수메다 보살에게 예배를 올린 후 떠나갔다.

수메다는 반드시 성불하리라

모든 이들이 떠나간 후, 엎드려 있던 수메다 보살은 다시 몸을 일으켜 다음과 같이 생각하며 꽃들이 흩뿌려진 위에 두 발을 맺고 앉았다.

'내가 지금껏 쌓아온 수행〔波羅蜜〕을 생각하여 보자.'

수메다 보살이 이렇게 앉는 순간, 1만 큰 세계의 모든 천인(天人)들이 모여들어 환희의 소리를 내었다.

“존귀하신 수메다 고행자시여, 과거의 보살들이 두 발을 맺고 '내가 지금껏 쌓아온 바라밀을 생각해 보자'

하시면서 앉으실 때 지금 당신께 나타나는 것과 똑같은
징조가 나타났었나이다. 바로 그와 너무나도 똑같은 징
조가 지금 당신에게 나타나고 있습니다. 당신은 틀림없
이 부처님이 되실 것입니다. 저희들은 그것을 잘 알고
있습니다. 사람에게 이와 같은 징조가 확인될 때면 그
사람은 반드시 부처님이 됩니다. 부디 스스로 올바른 정
진을 조금도 어긋남이 없이 힘써 거듭 쌓으소서."
  온갖 찬탄의 소리로써 수메다 보살을 찬양하였다.
  그리하여 이렇게 설해졌다.

일찍이 없었던 대성인의 말씀을 듣고
천인과 인간들은 크게 기뻐하며
"그는 부처님이 될 씨앗이요, 어린 싹이로다"라며
즐거움에 넘쳐 소리지르고
손뼉을 치고 미소지으며
1만 큰 세계의 사람들과 천인들은 합장 배례하였다.

"만약 우리들이 이 세상의
구세주(디팜카라)의 가르침을 이해하지 못했을지라도
내세에는 반드시 고행자 수메다를 만날 것이다.

가령 사람들이
강 건너 나루터에 도달하지는 못한다 할지라도

강 하류 나루터를 지향하여 큰 강을 건너듯이

우리 모두가 설령
이 승리자(디팜카라)의 가르침을 들을 기회를
놓친다 하더라도
내세에는 반드시 고행자 수메다를 만날 것이다"라고.

세간을 아시는 님,
공양을 받으실 만한 디팜카라 부처님은,
나 수메다의 행위를 찬탄하시고서
오른쪽으로 돌아 발을 들어 떠나가셨다.

마침 그곳에 있던 승리자의 제자들도
모두가 오른편으로 돌아 경례를 하였으며,
사람과 용과 음악의 신들도 예배하고 돌아갔다.

세상의 인도자께서 그 제자인 승단을 이끌고
떠나가시어 시야에서 사라져 버렸을 때,
나는 기쁨과 만족스러운 마음에 젖은 채
그곳에서 일어났다.

그리고 말할 수 없이 즐겁고
주체할 수 없는 기쁨과 희열에 만족하여

두 발을 맺고 앉았다.

두 발을 맺고 앉아서 나는 이렇게 사유하였다.
'나는 고요한 명상으로 자재로우며
신통의 최고 경지에 달했다.

천세계(千世界) 중에서도 나와 동등한 성인은 없다.
신통력에 관해서도 비교될 자가 없는
이러한 안락을 나는 얻었다.'

내가 두 발을 맺고 앉았을 때,
1만 큰 세계에 사는 사람들은 큰 소리로 말하였다.
"당신은 기필코 부처님이 되실 것입니다.

과거 보살들이 두 발을 맺고 앉으셨을 때
여러 가지 징조가 나타났었는데
그런 징조들이 지금 당신께도 나타나고 있습니다.

추위는 사라지고 더위도 가라앉았습니다.
이런 징조가 지금 나타나고 있습니다.
당신은 분명 부처님이 되실 것입니다.

1만 큰 세계에서는 소리도, 소요도 없었습니다.

이런 징조들이 지금 나타나고 있습니다.
당신은 분명 부처님이 되실 것입니다.

바람도 거세게 불지 않고
강물도 거칠게 흘러내리지 않았습니다.
이런 징조들이 지금 나타나고 있습니다.
당신은 분명 부처님이 되실 것이니다.

땅 위에 피어나는 꽃도, 물 속에서 피어나는 꽃들도
모두가 제자리에서 활짝 피어났습니다.
그 꽃들은 지금 전부 피어났습니다.
당신은 분명 부처님이 되실 것입니다.

덩굴가지도 나무들도 제자리에서 열매를 맺었습니다.
그것들은 지금 전부 열매를 맺었습니다.
당신은 분명 부처님이 되실 것입니다.

하늘에서도 땅 위에서도
보석은 놓인 제자리에서 빛나고 있었습니다.
그 보석들은 지금도 빛나고 있습니다.
당신은 분명 부처님이 되실 것입니다.

인간세계에서도 하늘세계에서도

악기는 놓여진 제자리에서 울렸습니다.
악기들은 지금도 서로 울리고 있습니다.
당신은 분명 부처님이 되실 것입니다.

색색가지 꽃이 하늘에서 흩뿌려졌습니다.
그 꽃들은 지금 나타나고 있습니다.
당신은 분명 부처님이 되실 것입니다.

큰 바다가 파도치고 1만 큰 세계가 진동하였습니다.
지금도 그 진동은 울리고 있습니다.
당신은 분명 부처님이 되실 것입니다.

지옥의 1만 불더미가 꺼졌습니다.
그 불들은 지금도 꺼져 버렸습니다.
당신은 분명 부처님이 되실 것입니다.

태양이 기울지 않았는데도
별들은 모두 빛나고 있습니다.
그 징조는 지금도 나타나고 있습니다.
당신은 분명 부처님이 되실 것입니다.

비가 내리지 않았는데도
대지에서는 물줄기가 뿜어나오고 있습니다.

그것은 지금도 뿜어나오고 있습니다.
당신은 분명 부처님이 되실 것입니다.

별들이 반짝이며 하늘에 별자리를 이루자
비사카 별이 달과 하나가 되었습니다.
당신은 분명 부처님이 되실 것입니다.

작은 구멍이나 동굴에 사는 동물들이
제 스스로 밖으로 기어나왔습니다.
그들은 지금도 그늘에서 밖으로 나오고 있습니다.
당신은 분명 부처님이 되실 것입니다.

이 세상에 태어난 모든 것은
불쾌함 없이 모두가 만족하고 있습니다.
그들은 지금도 모두 만족하고 있습니다.
당신은 분명 부처님이 되실 것입니다.

그때 병은 치유되고 배고픔도 사라졌습니다.
그러한 일들은 지금도 나타나고 있습니다.
당신은 분명 부처님이 되실 것입니다.

그때 탐욕의 마음도 사라졌고
성냄과 어리석음도 사라졌습니다.

오랜 인연 이야기

지금도 그 모두는 사라져 버렸습니다.
당신은 분명 부처님이 되실 것입니다.

그때 두려운 마음은 존재치 않았습니다.
그 마음은 지금도 있지 않습니다.
그 징조에 의해 우리들은 당신께서
기필코 부처님이 되시리라는 것을 아는 것입니다.

티끌이 하늘로 날아오르지 않았습니다.
이 일은 지금도 나타나고 있습니다.
이 징조에 의해 우리들은
당신이 반드시 부처님이 되시리라 아는 것입니다.

악취가 풍기지 않고 하늘의 향기가 감돌고 있습니다.
그 향취는 지금도 가득합니다.
당신은 분명 부처님이 되실 것입니다.

물질이 존재하지 않는 세계[無色界]31)의 천인들을
제외한 모든 천인들이 나타났습니다.
그들은 지금도 모두 모습을 나타내고 있습니다.
당신은 분명 부처님이 되실 것입니다.

지옥에 이르는 동안의 온갖 것들이
그곳에 나타났었습니다.
그들은 지금도 모두 나타나고 있습니다.
당신은 분명 부처님이 되실 것입니다.

그때 벽과 문, 그리고 바위 따위의 장애물은
존재치 않았습니다.
그들은 지금도 허공과도 같아 장애되지 않습니다.
당신은 분명 부처님이 되실 것입니다.

사람이 죽고 태어남도,
그 순간에는 일어나지 않았습니다.
그러한 일은 지금도 일어나고 있지 않습니다.
당신은 분명 부처님이 되실 것입니다.

흔들림 없이 바르게 정진하여 주소서.
멈추거나 물러나서는 안 됩니다.
저희들도 또한 당신이 기필코
깨달음을 이루시게 될 것을 잘 알고 있습니다.”

부처님의 말씀은 헛됨이 없다

　보살〔수메다〕은 열 가지 힘 갖추신 디팜카라 부처님과 1만 큰 세계의 천인들의 말을 듣고 더한층 굳게 마음을 먹으며 이렇게 생각했다.
　'부처님 말씀은 허망하지 않으며 부처님 말씀은 틀림이 없다. 마치 하늘로 던져진 흙덩이가 땅으로 떨어지고, 태어난 것이 죽고, 아침이 되면 태양이 뜨며, 굴을 나온 사자가 사자후하며, 임신한 여인이 아이를 낳는다는 것은 반드시 결정되어 있듯이, 부처님의 말씀은 결코 헛됨이 없다. 나는 반드시 깨달음을 이루리라.'
　그리하여 이렇게 설해졌다.

　　부처님과 1만 큰 세계 천인들의 말씀을 듣고
　　나는 이루 말할 수 없이 흡족하여
　　이렇게 생각하였다.

　　부처님은 두 말씀을 하지 않으시며,
　　승리자들은 허망한 말씀을 하지 않으신다.
　　부처님께 거짓됨이란 없다.
　　나는 반드시 깨달음을 이루리라.

마치 하늘로 던져진 흙덩이가
반드시 땅 위로 떨어지듯이
가장 수승한 님이신 부처님의 말씀은
변함이 없고 확실하리라.

또한 생명 있는 모든 것엔 반드시 죽음이 있듯이
가장 수승한 님이신 부처님의 말씀은
변함이 없고 확실하리라.

밤이 지나면 태양은 뜨듯이
가장 수승한 님이신 부처님의 말씀은
변함이 없고 확실하리라.

굴 밖으로 나온 사자가 크게 사자후하듯
가장 수승한 님이신 부처님의 말씀은
변함이 없고 확실하리라.

어머니의 태에 든 아이는 반드시 출산되듯이
가장 수승한 님이신 부처님의 말씀은
변함이 없고 확실하리라.

보시의 완성〔布施波羅蜜〕

'반드시 깨달음을 이루고야 말리라'고 결심한 그는 불타가 되기 위한 여러 덕목을 골똘히 생각하였다.

'깨달음을 이루기 위한 덕목은 어디에 있는 것일까. 위쪽일까, 아래쪽일까, 동서남북 어느 쪽일까, 아니면 4유(維)일까?' 하고 차례로 물질적·정신적인 세계〔法界〕를 모두 관찰하고, 과거 보살들이 가장 먼저 닦고 닦았던 절대적이며 완전한 보시행의 완성〔布施波羅蜜〕이라는 행을 관하였다. 그리고 다음과 같이 말하며 스스로 경계하였다.

"현자 수메다여! 그대는 지금부터 첫 번째 수행인 보시바라밀을 행해야만 한다. 이미 물이 쏟아진 뒤에는 다시 예전 그대로 물을 담을 수 없듯이, 재산과 명예와 아내와 자식 그리고 그대의 몸뚱이마저도, 주저함 없이 걸식하는 이들이 바라는 그대로 베풀고 난 뒤 성스러운 힘이 있는 나무〔보리수〕 아래로 가서 앉는다면, 그대는 부처가 될 것이다"라고 하면서 첫 번째 수행인 보시바라밀을 굳게 지켜 나가기로 마음먹었다.

그리하여 이렇게 설해졌다.

자, 이제 나는 부처가 되기 위한 덕목을

차례로 찾아 나서자.
하늘 위와 하늘 아래,
그리고 시방(十方)을 둘러보며 생각할 수 있는 한.

찾아 나서서 나는 마침내
첫 번째 수행인 보시바라밀을 발견하였다.
이것은 과거의 위대한 성인들께서 걸으셨던
웅장한 길이다.

"그대가 만약 보리를 얻고자 한다면
먼저 첫 번째 수행을 굳건히 지켜 나가라.
베품〔보시〕의 수행을 끝까지 이루어내야 한다.

물이 가득 차 있던 병이 넘어졌다면
물은 남김없이 쏟아져,
남아 있는 물은 찾아볼 수 없듯이,

걸식하는 이들을 보면
그들이 비천한 사람이건 부유한 사람이건
혹은 중류층의 사람이건, 남김없이 보시하라.
쓰러진 물병처럼."

계율을 지키는 수행의 완성〔持戒波羅蜜〕

그러나 그는 나아가 생각하기를

'부처가 되기 위한 덕목이 이것만일 리는 없지 않은가' 하고 깊이 몰두하여 두 번째의 행인, 계율을 지키는 수행의 완성〔지계바라밀〕을 발견하고는 이렇게 혼자 생각했다.

'현자 수메다여! 그대는 지금부터 지계바라밀을 수행하라. 야크가 자기의 생명은 돌아보지 않아도 그 꼬리만큼은 중히 여기듯, 그대도 지금부터 목숨을 버리더라도 계만은 소중히 보호한다면 부처가 될 것이다'라고 생각하면서 두 번째 수행인 지계바라밀을 굳게 지켜나갈 것을 마음먹었다.

그리하여 이렇게 설해졌다.

부처가 되기 위한 덕목은 이것만이 아닐 것이다.
보리에 도달할 다른 덕목이 있다면 그것을 찾아보자.
그리하여 두 번째 수행인 지계바라밀을 발견하였다.
이것은 과거의 성인들께서 거듭 닦으시던 것이었다.

"그대가 만약 보리를 얻고자 한다면
먼저 이 두 번째 바라밀을 반드시 지켜 나가라.

계율을 지키는 수행의 궁극에 도달하라.

야크라는 동물이 꼬리가 걸렸을 경우,
설령 죽음에 이른다고 할지라도
그 꼬리를 다치게 하지는 않듯이

네 가지 단계[32]에서 계를 이루어내어
야크가 꼬리를 보호하듯이
항상 계를 지켜야만 한다.”

번뇌의 속박을 떠나는 수행의 완성
〔出離波羅蜜〕

　다시 그는 ‘부처가 되기 위한 덕목이 이것뿐일 리는 없다’라고 골똘히 생각하다가 세 번째 수행인 번뇌의 속박을 떠나는 수행의 완성〔출리바라밀〕을 떠올리고 이렇게 생각하였다.
　‘현자 수메다여! 그대는 지금부터 출리바라밀을 이루어내야만 한다. 마치 오랫 동안 뇌옥(牢獄)에 갇혀 있던 자가 뇌옥에 대해서는 조금도 애착심을 갖고 있지 않으며, 거기에 머물려고 하지 않듯이, 그대도 또한 모든 삶을 뇌옥과 똑같은 것으로 파악하여 온갖 삶을 벗어나도

록 마음을 기울여라. 이리하면 그대는 부처가 될 것이
다.'
　이렇게 해서 세 번째 수행인 출리바라밀을 굳게 지켜
나가기로 마음먹었다.
　그리하여 이렇게 설해졌다.

부처가 되기 위한 덕목이 이것만은 아닐 것이다.
보리에 도달하는 다른 덕목이 있다면
그것을 찾아나서야 한다.

그러자 세 번째로 행해야 할
출리바라밀이 발견되었다.
이것은 과거의 성인들께서 거듭 닦아 오신 것이다.

"그대가 만약 보리를 얻고자 한다면
먼저 이 세 번째 바라밀을 반드시 닦아 지니라.
번뇌의 속박을 떠나는 수행의 완성에 도달하라.

오랫 동안 옥중에서 고통받던 이가
결코 그곳에 애착심을 갖지 않고
그저 달아나려고만 애쓰듯이,

그대는 모든 삶을 뇌옥으로 여겨

어리석음의 삶으로부터 벗어나는 곳을 향하라."

어리석음을 떠나 실상을 깨닫는
수행의 완성〔智慧波羅蜜〕

그러나 그는 '부처가 되기 위한 덕목이 이것뿐일 리는 없다'라고 생각하면서 더욱 깊이 사색을 하여 네 번째 수행인, 어리석음을 떠나 존재의 궁극에 있는 실상을 깨닫는 수행의 완성〔지혜바라밀〕을 찾아내고는 이렇게 생각하였다.

'현자 수메다여! 그대는 지금부터 지혜바라밀을 이루어내야만 한다. 하천한 이에게든, 존귀한 이에게든, 또 혹은 보통 사람들에게든 꺼리지 말고 성스러운 모든 이들께 다가가 여쭈어라. 수행을 위해 집집마다 구걸하는 수행승(비구)들이 가난한 집이거나 부자집이거나, 가리지 않고 피하는 일 없이 차례로 발우를 들고 집집마다 탁발하듯이, 그대도 성스러운 모든 분 앞에서 여쭙게 되면 부처가 될 것이다'라면서 네 번째로 행해야 할 지혜바라밀을 굳게 지켜 나갈 것을 다짐하였다.

그리하여 이렇게 설해졌다.

부처가 되기 위한 덕목이 이것만이 아닐 것이다.

보리에 도달하는 다른 덕목이 있다면
그것을 찾아 나서야 한다.
그러자 네 번째 수행인 지혜바라밀을 찾아내었다.
이것은 과거의 성인들께서 거듭 닦아 오셨던 것이다.

"그대가 만약 보리를 얻고자 한다면
먼저 이 네 번째 바라밀을 굳게 지켜 나가라.
어리석음을 떠나 존재의 궁극에 있는
실상을 깨닫는 수행의 완성에 도달하라.

비구가 하천한 집이든 존귀한 집이든,
또는 보통 집이든
가리는 일 없이 찾아가 먹을 것을 구하듯이,

그대도 또한 어느 때라도 성인에게 여쭈어
지혜바라밀을 닦는다면,
올바른 깨달음을 얻으리라."

몸과 마음을 게을리 않고 도(道)로
나아가는 수행의 완성〔精進波羅蜜〕

그러나 그는 '부처가 되기 위한 덕목이 이것뿐일 리

는 없다'라고 생각하면서 더욱 깊이 사색하여 다섯 번째 수행인, 몸과 마음을 게을리 않고 도(道)에 나아가는 수행의 완성〔정진바라밀〕을 찾아내고 다음과 같이 생각하였다.

'현자 수메다여! 그대는 지금부터 정진바라밀을 이루어 내야만 한다. 들짐승의 왕인 사자가 모든 움직임(즉, 걷고, 서 있고, 앉고, 눕는 것)에 상당한 노력을 들이는 것과 같이 그대도 또한 이 세상에 태어나는 모든 이들 가운데 일체의 움직임이 굳건하고 게으름 없이 노력한다면 부처가 될 것이다'라면서 다섯 번째로 행해야 할 정진바라밀을 굳게 지켜 나가기로 마음먹었다.

그리하여 이렇게 설해졌다.

부처가 되기 위한 덕목이 이것만이 아닐 것이다.
보리에 도달하는 다른 덕목이 있다면
그것을 찾아 나서야 한다.

그리하여 다섯 번째로 수행해야 할
정진바라밀을 발견하였다.
이것은 과거 성인들께서도 거듭 닦으셨던 것이다.

"그대가 만약 보리를 얻고자 한다면
이 다섯 번째 바라밀을 반드시 지켜 나가라.

몸과 마음을 게을리하지 말고
도를 향해 나아가는 수행의 완성에 도달하라.

짐승의 왕인 사자가 앉거나 서거나 돌아다닐 때
항상 게으름이 없이 부지런히 마음을 기울여
신중하게 행동하듯이,

그대도 이 세상에 태어난 모든 이들 중에서
게으름 피우지 않고 굳건히 노력하여
부지런히 정진바라밀을 행한다면
올바른 깨달음을 얻을 것이다."

괴로움과 고통을 견디어 내는
수행의 완성〔忍辱波羅蜜〕

그러나 그는 '부처가 되기 위한 덕목이 이것뿐일 리
는 없다'라고 생각하면서 더욱 깊이 사색하여 여섯 번
째 수행인, 괴로움과 고통을 견디어 내는 수행의 완성
〔인욕바라밀〕을 찾아내고 이와 같이 생각하였다.
　'현자 수메다여! 그대는 지금부터 인욕바라밀을 이루
어내야만 한다. 남들이 그대를 떠받들거나 천시할지라도
견디어 내야 한다. 땅 위로 어떤 이가 깨끗한 것이나 더

러운 것을 내던지더라도, 땅은 노하지도 않고 기뻐하지
도 않고 다만 그것을 묵묵히 받아들이듯, 그대 또한 떠
받들거나 멸시를 받아도 다만 인내하기를 멈추지 않는
다면 반드시 부처가 될 것이다'라면서 여섯 번째 수행
인 인욕바라밀을 굳게 지켜 나갈 것을 마음먹었다.
　그리하여 이렇게 설해졌다.

　부처가 되기 위한 덕목이 이것만이 아닐 것이다.
　보리에 도달하는 다른 덕목이 있다면
　그것을 찾아 나서자.

　그러자 여섯 번째로 행해야 할 수행인
　인욕바라밀을 발견하였다.
　이것은 과거 성인들께서도 거듭 닦으셨던 것이다.

　"그대는 이 여섯 번째 바라밀을 부디 지켜 나가라.
　그럴 때 진실한 마음이 있게 된다면
　올바른 깨달음을 얻을 것이다.

　대지는 깨끗한 것이든 더러운 것이든
　버려지는 어느 것에도
　참고 견디어 노함도 사랑함도 품지 않듯이.

그대 또한 모든 찬탄과 멸시를 참고 견디어
인욕바라밀을 행하면 올바른 깨달음을 얻게 되리라.”

진실하여 거짓없음을 수행하는
일의 완성〔眞實波羅蜜〕

그러나 그는 ‘부처가 되기 위한 덕목이 이것뿐일 리
는 없다’라고 생각하면서 더욱 깊이 사색하여 일곱 번
째 수행인, 진실하여 거짓 없음을 수행하는 일의 완성
〔진실바라밀〕을 발견하고는 이와 같이 생각하였다.
　‘현자 수메다여! 그대는 지금부터 진실바라밀을 이루
어 내야만 한다. 설령 머리 위로 벼락이 떨어진다 할지
라도 재산이나 욕망 따위를 위해 거짓말을 해서는 안
된다. 새벽별이 사계절 동안 자기의 궤도를 벗어나 다른
궤도를 따르는 일 없이 반드시 자신의 궤도만을 가는
것과 마찬가지로, 그대 또한 진실을 버리고 거짓말 하는
일이 없다면 반드시 부처가 될 것이다’라면서 일곱 번
째로 수행해야 할 진실바라밀을 굳게 지켜 나갈 것을
다짐했다.
　그리하여 이렇게 설해졌다.

　부처가 되기 위한 덕목은 이것만이 아니리라.

보리에 도달하는 다른 덕목이 있다면
그것을 찾아 나서자.

그러자 일곱 번째 행인 진실바라밀을 발견하였다.
이것은 과거 성인들께서도 거듭 닦으셨던 것이다.
"그대는 이 일곱 번째 바라밀을 굳게 지켜 나가라.
그때 말이 진실하다면 올바른 깨달음을 얻으리라.

새벽별이 사람과 하늘세계의 기준이 되어
어느 계절에도 궤도를 벗어나는 일 없듯이
그대도 진실하여 진리로부터 이탈함이 없게 하라.
진실바라밀을 행한다면 올바른 깨달음을 얻으리라."

뜻을 굳게 다지는
수행의 완성〔決定波羅蜜〕

그러나 그는 '부처가 되기 위한 덕목은 이것뿐일 리
없다'라고 생각하면서 더욱 깊이 사색하여 여덟 번째
수행인, 굳게 뜻을 다지는 수행의 완성〔결정바라밀〕을
발견하고 이와 같이 생각하였다.
'현자 수메다여! 그대는 지금부터 결정바라밀을 이루
어 내야만 한다. 뜻을 굳게 다진 후로는 결코 동요되어

서는 안 된다. 온갖 곳으로부터 바람이 불어쳐도 산은
흔들림도 동요됨도 없이 제 있는 곳에 굳건히 서 있듯
이, 그대도 지금부터 뜻을 굳게 다져 동요됨이 없다면
반드시 부처가 될 것이다'라고 여덟 번째 행인 결정바
라밀을 굳게 지켜 나가리라 마음 먹었다.
　그리하여 이렇게 설했다.

부처가 되기 위한 덕목은 이것만이 아니리라.
보리에 도달할 다른 덕목이 있다면
그것을 찾아보리라.

찾아나서자 여덟 번째의 행인
결정바라밀을 발견해 내었다.
이것은 과거 성인들께서도 거듭 닦으셨던 것이다.
"그대는 여덟 번째로 행해야 할 바라밀을
굳게 지켜 나가라.
여기서 그대가 흔들리지 않는다면
올바른 깨달음을 얻으리라.

큰 바위산이 흔들림 없이 안정되어
강한 바람에도 진동하지 않고 서 있듯이,
그대도 또한 굳게 흔들리지 말아라.
결정바라밀을 행한다면 올바른 깨달음을 얻게 되리."

살아 있는 것들을 사랑하는
수행의 완성[慈悲波羅蜜]

그러나 그는 '부처가 되기 위한 덕목은 이것뿐일 리 없다'라고 생각하면서 더욱 줄기차게 생각을 밀고 나가다 아홉 번째 행인 살아 있는 것을 사랑하는 수행의 완성[자비바라밀]을 찾아내고 이와 같이 생각하였다.

'현자 수메다여! 그대는 지금부터 자비바라밀을 이루어 내야만 한다. 자신에 이로운 자이거나 해로운 자에게도 똑같은 마음을 가져라. 물은 선한 사람과 악한 사람을 가리지 않고 시원하게 하듯이 그대도 목숨 있는 모든 것들에게 평등하게 사랑하는 마음을 지니게 된다면 반드시 부처가 될 것이다'라면서 아홉 번째 행인 자비바라밀을 굳게 지켜 나가기로 마음먹었다.

그리하여 이렇게 설해졌다.

부처가 되기 위한 덕목은 이것만이 아니리라.
보리에 도달하는 다른 덕목이 있다면
그것을 찾아보리라.

찾아나서자 아홉 번째로 수행해야 할
자비바라밀을 발견하였다.
이것은 과거 성인들께서도 거듭 닦으셨던 것이다.

"그대가 만약 보리를 구하고자 한다면
이 아홉 번째 바라밀을 굳게 지켜 나가라.
사랑하는 마음에 있어 버금가는 자가 없게 하라.

물은 착한 이에게나 악한 이에게나
가리는 마음 없이 골고루 시원하게 해주고
때와 먼지를 없애주듯이,

그대도 자기에게 이로운 자이건 해로운 자이건
고루 사랑하는 마음을 지녀라.
자비바라밀을 행하다면 올바른 깨달음을 얻으리라."

그윽하고 치우치지 않은 마음을 갖는 수행의 완성〔捨波羅蜜〕

그러나 그는 '부처가 되기 위한 덕목이 이것뿐일 리
없다'라고 생각하면서 더욱 줄기차게 생각을 밀고 나가
열 번째 행인 그윽하고 치우치지 않은 마음을 갖는 수

행의 완성〔사바라밀〕을 발견하고 이와 같이 생각하였다.
　‘현자 수메다여! 그대는 지금부터 사바라밀을 이루어
내야 한다. 즐거움에도 괴로움에도 치우치지 말고 담담
하여야 한다. 마치 대지가 깨끗한 것이나 더러운 것이
버려져도 담담하게 대하듯, 그대도 즐거움과 괴로움에
대해 마음을 쓰지 않는다면 반드시 부처가 되리라.’ 이
렇게 생각하면서 열 번째 행인 사바라밀을 굳게 지켜
나가기로 마음먹었다.
　그리하여 이렇게 설해졌다.

부처가 되기 위한 덕목은 이것만이 아니리라.
보리에 도달하는 다른 덕목이 있다면
그것을 찾아보리라.

그러자 열 번째의 수행인 사바라밀이 나타났다.
이것은 과거 성인들께서도 거듭 닦으셨던 것이다.

“그대는 이 열 번째 바라밀을 굳게 지켜 나가라.
그대가 만약 담담한 마음을 견고하게 유지한다면,
올바른 깨달음을 얻으리라.

대지가 깨끗한 것이나 더러운 것이 버려져도
성냄과 좋아함 그 어느 쪽에도

마음을 기울이지 않듯이,

그대도 괴로움과 즐거움에 대해서
항상 평등한 마음을 유지하는 이가 되라.
사바라밀을 행한다면 올바른 깨달음을 얻으리라."

세 가지 바라밀

그리고 나서 그는 생각하였다.

'이 세상에서 보살이 완전하게 행해야 할 깨달음의
지혜를 성취하여 부처가 되기 위한 덕목은 오직 이것뿐
이다. 열 가지 바라밀 이외에는 다른 아무 것도 없다. 그
리고 이들 십바라밀(十波羅蜜)은, 하늘 위에도 땅 위에
도, 또는 동서남북 그 어느 쪽도 아닌, 오직 자신의 마음
속에 있다.'

이리하여 십바라밀이 마음 속에 있음을 끝까지 사색
하여 나아가, 그 모두를 굳게 지켜 나가며 거듭거듭 생
각하고 차례대로 혹은 역순으로 그것을 되돌이켜 생각
하였다. 끝에서 처음까지, 처음부터 끝까지, 가운데에서
양쪽 끝으로, 그리고 양 끝에서 가운데로 되풀이하며 생
각하였다.

몸뚱이를 베푸는 것은 바라밀이며, 외적인 소유물을

베푸는 것은 이차적인 바라밀이며, 목숨을 베푸는 것은 다시 없는 바라밀이므로 십바라밀, 열 가지 이차적인 바라밀, 열 가지 다시 없는 바라밀들을, 마치 두 줄기로 흘러내리는 기름을 뒤섞듯이 수미산(須彌山)[33]을 막대기삼아 큰 세계의 대해를 휘휘 젓듯이 그는 골똘히 생각하였다.

그가 이렇게 십바라밀을 거듭 생각하고 있자 그 덕의 위력으로 인해 4나후타[34] 이상이요, 20만 요자나[35] 두께인 이 대지는 코끼리가 갈대더미를 밟을 때처럼, 혹은 사탕수수를 으깨는 압착기처럼 커다란 소리를 내며 진동하였다. 그것은 또한 도예공의 녹로(轆轤 : 도르래)와도 같이, 혹은 기름을 만들어내는 기계 바퀴와도 같이 돌았다. 그리하여 이렇게 설해졌다.

"이것은 이 세상에서 보리에 도달하기 위한 덕목이다.
이 이상의 것은 아무 것도 없다.
그대는 이것들을 굳게 지켜 나가라.

이들 덕목을 본질과 성질,
특징면에서 두루 생각했을 때,
내 덕의 위력으로 말미암아
청정한 1만 큰 세계는 진동하였다.

사탕수수를 으깨는 압착기처럼
대지는 동요하고 환호하였으며
기름 만드는 기계 바퀴마냥 회전하였다.”

대지의 진동

대지가 자꾸 진동하자 람마 거리의 사람들은 서 있을
수가 없어, 종말의 바람에 쓰러진 커다란 사라나무처럼
차례로 기절해 넘어졌다. 도공이 만든 도자기와 병은 넘
어져 서로 부딪쳐 산산히 부서졌다.

두려움에 떨고 있던 사람들은 디팜카라 부처님께서
계신 곳으로 달려가 여쭈었다.

“세존이시여, 지금 이 진동은 용이 일으킨 것이나이
까? 그렇지 않으면 귀신이나 야차(夜叉),[36] 천인(天人)들
중 어느 것이 일으킨 것이나이까? 저희들은 그 까닭을
알지 못하여 모든 사람들이 두려움에 떨고 있나이다. 이
사건은 이 세상의 큰 재난이옵니까? 그렇지 않으면 복
이 되나이까? 그 원인이 무엇인지 저희들께 설하여 주
옵소서.”

디팜카라 부처님은 마을 사람들이 여쭙는 것을 듣고
답하시었다.

“그대들은 두려워 말라. 걱정하지 않아도 좋으리라.

이 지진으로 말미암아 그대들에게 언짢은 일은 일어나
지 않으리라. 이것은 내가 오늘 '현자 수메다는 미래세
에 고타마라는 부처가 되리로다'라고 예언을 하자 그
말을 들은 수메다가 지금 수행의 궁극을 이모저모로 골
똘히 생각하고 있기 때문이니라. 그가 수행의 궁극을 깊
이 생각하고 있자 그 덕의 위력으로 말미암아 1만 큰 세
계가 전부 한결같이 환호하여 동요하고 있기 때문이니
라."

그리하여 이렇게 설해졌다.

부처님을 모시던 사람들은
모두 놀라 기절하여 땅에 쓰러졌다.
도공이 만든 수천 개의 병은
곳곳에서 서로 부딪쳐 산산히 조각나 버렸다.
놀라 두려움에 떨고 있던 사람들은
디팜카라 부처님 계신 곳으로 몰려갔다.

"세상에 무슨 일이 일어나고 있는 까닭이나이까?
복되는 일이옵니까? 재난이옵니까?
세상 모든 사람들은 이 때문에 괴로워하고 있나이다.
참된 눈을 가지신 님이시여,
이 괴로움을 없애주소서."

그때 디팜카라 부처님은 그들을 달래시었다.
"이 대지의 진동을 두려워 말고 마음놓으라.
미래세에 부처가 될 그(수메다)가
과거 수승한 이들이 수행하였던 덕목들을
생각하고 있기 때문이다.

부처가 되기 위한 근본적인 덕목을
모두 깊이 사유하고 있는 까닭에
이 대지, 1만 큰 세계는 진동하고 있는 것이니라."

사람들의 환희

사람들은 깨달음의 궁극에 도달하신 님〔여래〕의 말씀
을 듣고 크게 기뻐하여 꽃다발과 향료와 기름을 들고,
람마 거리를 나와 수메다 보살이 계신 곳을 찾아가 공
양하고 예배하며 지극한 예의로써 오른편으로 돌고 난
뒤 람마 거리로 다시 돌아왔다. 수메다 보살은 십바라밀
을 계속 사유하고 정진하다가 앉아 있던 자리에서 일어
났다.
그리하여 이렇게 설해졌다.

"부처님의 말씀을 듣고 난 뒤

사람들의 마음은 기쁨에 들떠
모두가 내 있는 곳으로 와서
거듭 내게 예배하였다.

부처님의 덕을 지니고 마음이 흔들리지 않게 하고는
디팜카라 부처님께 예배드린 뒤 자리에서 일어섰다."

모든 천인(天人)들의 축복

그때, 수메다 보살이 자리에서 일어나자, 1만 큰 세계
에 있던 천인들이 모두 모여들어 하늘의 꽃다발과 향료
를 공양하면서 다음과 같이 찬탄과 축복의 말을 하였다.
"귀하신 수메다 행자시여! 당신은 오늘 열 가지 힘
갖추신 디팜카라님의 발 아래에서 큰 원을 세우셨나이
다. 그 서원이 장애받는 일 없이 이루어지소서. 당신께
두려움이나 몸의 굳어짐이 없기를 바라나이다. 몸에 조
금이라도 병이 들지 않기를 바라나이다. 얼른 바라밀행
(波羅蜜行)을 완성하시어 올바른 깨달음을 얻으소서. 마
치 꽃나무나 과일나무가 때가 되기를 기다려 꽃피우고
열매맺듯이 당신께서는 때를 놓치지 마시고 어서어서
위없는 깨달음을 체득하소서."
　이렇게 찬탄의 말을 마친 후 그들은 각각 자신들의

천상계(天上界)로 올라갔다.

수메다 보살은 천인들에게서 다시없는 찬양을 받고 "나는 십바라밀행을 완성해서 4아산키야를 더한 십만 겁 후에 부처가 되리라" 하며, 정진할 것을 더한층 굳게 다짐하고는 하늘로 날아올라 히말라야산 쪽으로 떠나갔다.

그리하여 이렇게 설해졌다.

내가 자리에서 일어섰을 때,
천인과 인간들은 각각 하늘과
인간세상의 꽃을 가져와 흩뿌렸다.

천인과 인간들은 상서로움을 감지하면서 말했다.
"당신께서 마음먹은 커다란 소원을
바라시는 대로 이루오소서.

부디 모든 괴로움은 사라지고 온갖 병도 사라지기를!
당신께 장애가 생기는 일 없이
얼른 위없는 깨달음을 체득하소서.

흡사 때가 되면 꽃나무에 꽃이 피듯이,
위대한 영웅이시여!
그대는 부처님의 지혜로써 꽃으로 피어나소서.

올바른 깨달음을 얻으신 과거 모든 부처님이
모두 십바라밀을 완성하셨듯이,
위대한 영웅이시여!
당신도 또한 십바라밀을 완성하소서.

올바른 깨달음을 얻으신 과거의 모든 부처님이
모두 보리좌(菩提座)에서 깨달음을 여시었듯이,
위대한 영웅이시여!
당신도 또한 수승한 이의
깨달음이라는 지혜를 여소서.

무릇 올바른 깨달음을 얻으신
과거 모든 부처님이 모두
법의 바퀴〔法輪〕를 굴리셨듯이[37]
위대한 영웅이시여!
당신도 또한 법륜을 굴리소서.

마치 드맑은 보름달이
사방을 두루 밝게 비추듯이
당신도 또한 마음이
두루 1만 큰 세계에 가득 차 밝게 빛나소서.

마치 라후[38] 입에서 미끄러져 나온 태양이

열기로 환히 빛나듯이
당신도 또한 세상 사람들을 해탈시키어
길조(吉兆)로 빛나소서.

흡사 모든 강줄기가 큰 바다로 흘러들어가듯이
인간과 하늘세계 모두가 함께
당신의 발 아래로 흘러드소서"라고.
그들에게 이처럼 찬탄을 받으며
그 수메다는 열 가지 덕목을 지니고
끝까지 이루어 내고자 산허리로 들어갔다.

이상으로 수메다 이야기는 끝났다.

그후의 디팜카라 부처님

람마 거리의 사람들은 거리로 돌아와 부처님을 비롯한 비구승단에 대시회(大施會)를 베풀었다. 스승(부처님)께서는 그들을 위해 가르침을 베풀고 수많은 사람들을 삼귀의[39]에 들게 하신 후 람마 거리를 떠나가셨다. 그리고 그후 모든 부처님이 하신 일을 다 이루시며 여생을 보내시다 이윽고 몸과 마음이 함께 완전히 멸하는 깨달음[無餘涅槃]에 드시었다.

그리하여 이렇게 설해지고 있다.

그때 그들은 세상을 인도하시는 부처님을 비롯하여
그 승단에 공양하고
저 스승이신 디팜카라께 귀의하였다.

깨달음의 극치에 도달하신 부처님(여래)은,
어떤 이는 삼귀의에 귀의케 하시고
또 어떤 이는 오계(五戒)[40]에 귀의케 하시고
또 어떤 이는 십계(十戒)에 귀의케 하셨다.

어떤 이에게는 오로지 수행을 위한 출가자의 길인
네 가지 으뜸가는 경지[41]를 주시고,
어떤 이에게는 비할 바 없는 것,
네 가지 걸림없는 힘〔四無碍解〕를 주시었다.

사람 가운데 가장 높으신 부처님은
또 어떤 이에게는 여덟 가지 수승한 삼매를,
또 어떤 이에게는 세 가지 뛰어난 지혜〔三明〕[42]와
여섯 가지의 신통〔六神通〕을 주시었다.

대성현이신 부처님은 이같은 방법으로
그들을 가르쳐 이끄셨으며,

세상의 대도사(大導師)의 가르침은
이로써 자세하게 알려지게 되었다.

복스러운 뺨과 넓은 어깨를 가지신,
디팜카라라는 부처님은
수많은 사람들을 어리석음으로부터 구해주시고
괴로운 삶〔惡趣〕43)으로부터 자유롭게 해주시었다.

깨우칠 만한 이를 발견하시면
십만 요자나를 한 찰나(순간)에 가시어
대성현께서는 그를 깨우치셨다.

첫번 설법에서 부처님은
10억의 사람들에게 깨우침을 주시었고,
두 번째 설법에서 교주〔佛〕께서는
10만의 사람들을 제도하셨다.

부처님께서 하늘 궁전에서 가르침을 설하셨을 때
9천억 사람들에게 세 번째 설법이 있었다.

스승이신 디팜카라 부처님께는
세 차례에 걸친 집회가 있었다.
맨 처음 집회에는 1조(一兆)의 제자들이 모여들었다.

이어서 수승한 이〔佛〕께서,
나라다 산정(山頂)에 홀로 머물고 계실 때,
번뇌를 여의고 티끌을 멸한
10억의 사람들이 모여들었다.

위대한 영웅〔佛〕께서
마닷사나산에 머물러 계셨을 때
성자〔佛〕께서는 9천억의 제자들과 함께
우기(雨期 : 여름)의 하안거(夏安居)를 해제하시었다.

나 수메다는 그때 치열하게
고행을 쌓아가던 행자였다.
하늘을 날아다니며 다섯 가지 신통〔五神通〕44)은
인간을 뛰어넘는 경지에 도달해 있었다.

1, 2만 명의 사람들을 위해서도
부처님의 설법은 이어졌다.
단 한두 사람을 위하여 행하신
설법을 헤아린다면 한 없으리라.

그때 디팜카라 부처님의 교설은 맑고 티없으며
그윽하였고, 자상히 설하시었고
수많은 사람들을 위한 가르침이었고

성량이 풍부했으며 내용도 알찼었다.

육신통을 얻고 큰 위력을 지닌 4천만 명의 사람들이
항상 세간의 선지자이신 디팜카라를 따랐다.

그때 아직 마음이 깨달음에 이르지 못해
배워야 할 것이 남아 있던 사람이면서
인간으로서의 삶을 포기한 이는
누구라도 비난을 받았다.

부처님의 말씀은 번뇌를 여의고 티끌을 떠난 이들,
세상의 존경을 받는 성자(阿羅漢)[45]들에 의해
다시없이 꽃피어 인간과 천상계에서 빛났다.

스승 디팜카라의 고향은 람마바티라고 하며,
아버지는 수메다라 불리는 왕이고,
어머니는 수메다아라 불리었다.

수맘가라와 팃사는 가장 훌륭한 제자였다.
디팜카라 스승의 시자는 사가타라 하며,

난다와 수난다는 가장 훌륭한 비구니 제자였다.
가장 존귀하신 스승께서 깨달음을 여신 보리수는

핍팔리라 불린다.

위대하신 성현 디팜카라는 키가 80핵타[46]이고
불 밝힌 등잔의 심지마냥,
혹은 흐드러지게 꽃이 핀
사라나무왕 마냥 찬란히 빛났다.

이 위대한 선인(仙人)의 수명은 10만 세로서
그 긴 수명 동안 그는 수많은 사람들을 구제하였다.
올바른 가르침을 설하시어 수많은 사람을 제도하시며
불덩이와도 같이 환히 빛나시던 그분은
제자들과 함께 열반에 드시었다.

저 신통력도, 명성도,
두 발에 아로새겨진 윤보(輪寶)[47]도 모두 사라졌다.
참으로 모든 현상[諸行]은 헛되다 아니할 수 없으리.

디팜카라 부처님 이후에
콘단냐라는 스승이 세상에 나시었다.
위엄은 한없으셨고 명성도 가이없어
헤아릴 수 없었고 비할 바 없었다.

콘단냐 부처님

더없이 존귀하신 스승 디핌카라 이후에 1아산키야를 지나서 콘단냐라고 하는 대사께서 세상에 나시었다. 이 때에도 세 차례에 걸친 제자들의 집회가 열렸다. 맨 처음 집회에는 1조(一兆)의 제자들이, 두 번째 집회에서는 백억의 제자들이, 그리고 세 번째 집회에서는 9억의 제자들이 각각 모여들었다.

그때 전생의 수메다 보살은 비지타빔이라 불리는, 바른 가르침으로 온 세상을 다스리고 있던 위대한 왕[轉輪王][48]이었으며, 부처님을 비롯하여 1조가 넘는 비구승단에 커다란 공양을 올렸다. 콘단냐 부처님은 보살에게 "그대는 장차 부처가 되리로다"라고 예언하시며 참된 가르침을 설하셨다.

그는 대사(부처님)의 설법을 다 듣고 난 후 왕위를 다른 이에게 넘기고 출가하였다. 그는 모든 부처님의 가르침을 익히고 배웠으며, 여덟 가지 삼매와 다섯 가지 신통을 얻었으며, 마음이 흐트러지지 않도록 하는 수행을 끊임없이 닦아 범천의 세계[49]에 다시 태어났다.

콘단냐 부처님의 고향은 람마바티이고 아버지는 수난다라고 하는 왕족의 사람이요, 어머니는 수쟈타라고 하는 왕비였다. 밧다와 수밧다 두 사람이 으뜸가는 제자였고 아누룻다라는 이가 시자였으며, 팃사와 우파팃사가 으뜸가는 비구니 제자였고, 사라카루야니가 깨달음을 얻으신 나무였다. 이 부처님의 키는 88핵타였고 수명은 10만 세이셨다.

맘가라 부처님

그후 1아산키야를 지난, 같은 한 겁 동안에 맘가라, 수마나, 레바타, 소비타라고 하는 네 분의 부처님이 세상에 나타나시었다.

맘가라 부처님 당시에도 세 차례에 걸쳐 제자들이 운집하였다. 처음 집회는 1조의 제자들이, 두 번째는 백억 제자들이, 그리고 세 번째에는 9억의 제자들이 모여들었다.

전하는 바에 의하면 세존께는 이모의 아들인 아난다라는 왕자가 있었는데 그 왕자는 9억 사람들과 함께 가르침을 듣고자 세존이 계신 곳으로 왔다. 그래서 세존께서 그를 위해 차례로 가르침을 베푸시자 그는 사람들과 함께 네 가지 걸림 없는 이해〔四無碍解〕의 힘과 세간의 존숭을 받을 수 있는 성현의 경지〔아라한과〕[51]를 얻었다.

세존은 이들 양가 자제들의 전생의 행위를 살펴보시

고, 그들에게는 이 세상에 태어나는 자로서 신통력에 의
해서만 가능한 의발(衣鉢)을 받을 자격이 있음을 아시
고 오른손을 내미시어 "잘 왔구나, 비구들이여!"라고 말
씀하셨다. 그들은 그 순간 신통력에 의해서만 가능한 의
발을 지니는 자가 되었고, 흡사 60세의 장로들과도 같은
차림새가 갖추어져서 세존께 예경을 올리고 그 뒤를 따
랐다.

이것이 이 부처님 제자들의 세 번째 집회였다.

다른 부처님들의 몸의 위광은 80핵타를 두루 비칠 뿐
이었지만 이 부처님의 광명은 그러하지 않고 언제나 1
만 큰 세계에 가득 차 있었다. 나무나 대지, 산과 바다를
비롯하여 작은 그릇에 이르기까지 황금 보자기에 휩싸
인 듯하였다. 이 세존의 수명은 9만 세였고, 그동안 달과
해가 제 스스로의 빛만으로 세상을 환히 비치지 못해,
밤과 낮의 구별마저도 가릴 수 없었다. 뭇 생류는 언제
나 낮 동안의 햇빛에 의해서 움직일 수 있듯이, 항상 부
처님의 광명만으로 움직이고 있었다. 세상 사람들은 저
녁에 피는 꽃과 아침에 우는 새소리로 밤과 낮을 구별
할 수 있었다.

그렇다면 다른 부처님들께는 이같은 위력이 없었다는
말일까? 아니, 없지는 않았다. 다른 부처님들도 원하기만
하면 1만 큰 세계 혹은 그 이상도 광명으로 가득 채울
수가 있었다. 다만 세존 맘가라님은 과거세의 원력에 의

해 다른 부처님의 한 길〔一尋〕 광명과도 같이, 그의 몸의
광명은 언제나 1만 큰 세계를 가득 채우고 있었던 것이
다.

맘가라 부처님의 위대한 보시

전하는 바에 의하면 이 맘가라 부처님은 과거에 보살
수행을 하여 벳산타라 왕자와 같은 삶을 누려오다가 처
자와 함께 밤카산과 아주 흡사한 산에 머무르셨다는 것
이다.

그때 칼라다티카 야차는 이 대사(大士)가 무엇이든
베풀고자 하는 뜻을 갖고 있다는 말을 전해 듣고 바라
문의 형색을 갖추고 대사가 있는 곳으로 찾아갔다.

"당신의 두 아이를 제게 주소서"라고 청하자 대사는
"바라문을 위해 아이들을 드리겠소"라며 기꺼이 두 아
이를 주었다. 그러자 대지는 바다 끝까지 진동하기 시작
했으며, 야차는 경행처(經行處) 끝의 나무난간 쪽에 서
있는 대사 앞에서 나뭇단이라도 삼켜 버릴 듯한 기색으
로 아이들을 먹어버렸다. 대사가 야차를 지그시 바라보
자 야차는 입을 크게 벌려서 피를 불처럼 토해냈지만
대사는 그 입을 보고도 털끝만치의 불쾌한 생각을 일으
키지 않았다. 도리어 '참으로 베풀기를 잘했구나'라고

생각하며 커다란 기쁨을 느끼기까지 했다.

그리고 그는 "나의 이 보시의 결과로 미래세에는 이만한 광명을 낼지어다"라는 원을 세웠다. 이 소원에 의해 대사가 부처되었을 때 몸으로부터 광명이 쏟아져 나와 그만큼의 장소를 가득 채웠던 것이다.

소신공양(燒身供養)

이 맘가라 부처님에게는 또 한 가지 과거세의 선행이 있었다. 전하는 바에 의하면 그가 아직 보살이었을 때 어느 부처님의 탑묘를 바라보면서 "나는 이 부처님을 위해 목숨을 바치리라"고 말한 뒤, 등잔 심지를 싸듯이 자신의 전신을 감싸고 보석 손잡이가 달린 10만 금에 달하는 황금용기에 녹인 버터를 붓고, 거기에 천 개의 등잔 심지를 심어서 자신의 머리 위에 얹고, 온몸에 불을 붙여 탑묘를 오른쪽으로 돌면서 밤이 다 지나도록 멈추지 않았다.

이윽고 해가 떠오를 때까지 쉬지 않고 태웠으나 털구멍조차도 불에 타지 않았으며 마치 연꽃 속에 들어간 것과도 같았다. 왜냐하면 자신을 잘 돌보는 사람은 이같은 덕행의 보호를 받기 때문이다.

그리하여 세존은 다음과 같이 설하셨다.

"참으로 덕행은 덕행을 행하는 자를 돌보며,
잘 행하여진 덕행은 안온함을 가져다 주노라.
덕행을 잘 행하는 자는
괴로운 삶으로 떨어지지 않나니,
이는 덕행을 잘 행하였을 때 쌓은 공덕이니라."

이러한 행위의 결과로 말미암아 이 부처님의 후광은
1만 큰 세계에 넘쳐흘렀던 것이다.

수루치 바라문

그때 보살은 수루치라는 이름의 바라문이었다. 그는
어느 날 '세존을 모셔야겠다'고 생각하고 부처님 계신
곳으로 가서 미묘한 설법을 듣고 나서 여쭈었다.
"세존이시여, 내일 저의 공양을 기꺼이 받아주소서."
"바라문이여, 그대는 나와 함께 몇 명의 제자를 초대
하려는가?"
"세존이시여, 당신의 제자는 모두 몇 분이시나이까?"
이때 세존은 막 첫번째 집회를 행한 후였으므로 "1조
(一兆) 명"이라고 답하시었다. 그러자 수루치는 "세존이
시여, 모든 제자 분들과 함께 저의 집에서 공양을 받아
주사이다"라고 아뢰었고 세존은 허락하셨다.

바라문은 다음날의 초대를 약속하고 집으로 돌아오면서 이렇게 생각했다.

'부처님의 제자들에게 음식과 옷을 공양올릴 수는 있다만, 앉으실 장소는 어떻게 해야 좋을까?'

그가 이렇게 생각하자 팔만사천 요자나 높이에 있는 천인의 왕의 황금색 돌의자가 뜨겁게 달아올랐다. 천인의 왕, 제석천(帝釋天)51)은 "대체 누가 나를 이 의자에서 뒤흔들어 놓는가?"라며 천안(天眼)으로 관찰하였다. 그러자 대사(大士)를 발견하고는 생각하였다.

'수루치라는 바라문이 부처님을 비롯하여 제자들을 초대하고는 앉을 곳 때문에 생각에 잠겨 있구나. 나도 그곳으로 가서 복덕을 짓는 데에 한 부분으로나마 끼어들어야겠다.'

그리하여 곧 도끼를 손에 쥔 목수로 변신하여 대사 앞에 그 모습을 나타내고는 말하였다.

"누구든 저를 고용하여 임금을 주실 분은 안 계십니까?"

대사는 이를 보고 물었다.

"어떤 일을 하려는가?"

"제가 하지 못하는 일은 없습니다. 집에서나 도량에서나 주인을 위해 만들어야 할 것은 무엇이든 만들고 있습니다."

"마침 내게 일이 있다네."

“주인이시여, 그 일이란 대체 무엇입니까?”

“내일 나는 1조의 불제자님들을 모시고자 하는데 그 분들이 앉으실 임시도량을 지어야 하지 않겠는가?”

“만약 주인께서 제게 수고비를 주신다면 제가 그것을 만들어 드리겠습니다.”

“물론 지불하겠네.”

“그러시다면 제가 지어 드리겠습니다.”

그래서 제석천은 두루 다니며 적당한 장소를 물색하다가 열 가지 관상[十遍處]52)의 대상으로 쓰이는 곳처럼 평탄한 12~3요자나 넓이의 땅을 발견하였다.

‘이쯤에 칠보로 만든 임시 도량을 세워야겠다’라고 생각한 순간 도량이 땅 밑으로부터 솟아올라 세워졌다. 그것은 황금으로 만든 기둥 위에 은으로 만든 기둥머리가 얹혀 있었으며, 은기둥 위에는 황금으로 만든 기둥머리가, 보석기둥 위에는 산호로 만든 기둥머리가, 산호기둥 위에는 보석으로 만든 기둥머리가, 칠보기둥 위에는 칠보로 만든 기둥머리가 얹혀 있는 것이었다.

그로부터 다시 ‘이 도량의 각 방마다 작은 방울이 달린 그물을 드리워야겠다’라고 생각하자마자 그물이 드리워졌다. 그물은 미풍에 흔들리면서 다섯 가지 악기에서 울려나오는 소리와도 같이 훌륭한 소리를 자아내니, 마치 천인들이 함께 입을 모아 노래부르는 것과도 같았다.

그는 또한 '안에는 향기나는 화려한 매듭이나 꽃다발을 드리워야겠다'고 생각하자 그대로 이루어졌다. 또한 '1조 명의 제자들을 위한 식탁과 의자가 부디 땅으로부터 솟아오르기를!' 하고 생각하자 곧 그대로 나타났다. 또 '방 구석구석마다 물병이 하나씩 나타나기를!' 하고 생각하자 물병이 나타났다.

이 정도로 마무리를 짓고 나서 그는 바라문에게로 가서 말했다.

"주인이시여, 행차하소서. 당신의 임시 도량을 꾸며놓았으니 제게 임금을 주사이다."

대사가 나가 임시 도량을 바라보는 순간 온몸에 다섯 가지 기쁨이 넘쳐흘렀다. 그리고 그는 이 도량을 보면서 이렇게 생각했다.

'이 도량은 사람이 만든 것이 아니로다. 분명 나의 뜻과 덕으로 말미암아 제석천 세계가 뜨겁게 달아올라 그에 느낀 바 있어 제석천왕이 이같은 임시 도량을 만들었음에 틀림없으리라. 이처럼 더할 나위 없이 아름다운 도량에서 단 하루만의 보시를 할 수는 없다. 이레 동안 보시를 하여야겠다.'

겉치레뿐인 보시는 아무리 풍족하여도 보살의 마음을 기쁘게 할 수는 없어, 화려하게 꾸민 머리를 잘라내고 향유를 바른 눈을 도려내었으며, 심장의 살을 갈갈이 저며내어 보시했을 때에야 비로소 보살은 보시로 인하여 스스로의 마음이 흡족해질 수 있었다. 우리의 보살은 〈시비 쟈타카(본생경 사백아흔아홉 번째 이야기)〉에서 매일 5암마나어치의 카하파나 돈을 거리의 네 문과 그 중앙에서 보시했지만, 그 보시는 보살에게 만족을 줄 수가 없었다. 그러나 제석천왕이 바라문의 모습을 하고 두 눈을 구걸하였을 때, 눈을 도려내어 주자 비로소 기쁜 마음이 일어나 보살의 마음은 털끝만큼도 망설이는 일이 없게 되었다. 이와 같은 보시에 대해 보살은 싫증을 낸 적이 없었다.

그리하여 대사(大士)도 또한 '나는 이레 동안 1조에 달하는 불제자님께 보시해야겠다'라고 생각하고 이 도량에서 이레 동안 연일 우유죽을 보시하였다. 사람의 힘만으로는 이 죽을 나를 수 없었던 까닭에 천인도 그 틈에 섞여 일을 도왔다. 12~3요자나의 장소도 그 제자들을 모두 들이지 못했기에 이들 제자들은 각각 스스로의 위신력에 의해 자리잡았다. 마지막 날, 제자들의 발우를 씻고 그 속에 약품으로 쓰이는 버터기름, 딱딱한 버터, 꿀, 설탕 등을 넣어 세 가지 옷(三衣)[54]과 함께 보시하였다. 제자들 가운데 가장 나이 어린 비구가 받은 법의(法衣)조차도 10만 금의 가치에 달하는 것이었다.

세존은 고마움을 표시하신 뒤, '이와 같이 커다란 보시를 행한 이 사람은 장차 어떤 결과를 받을까?'라고 깊이 생각하시고 "지금으로부터 2아산키야를 더한 10만 겁 후에는 반드시 고타마라는 부처가 되리로다"고 아신 후 대사를 불러 수기(授記)[54]를 주셨다.

"그대는 이만큼의 세월이 지난 후 고타마라는 부처가 되리라."

대사(大士)는 세존의 수기를 받고 생각하기를 '내가 부처가 된다는 말씀이로구나. 내게는 가정생활이 전혀 필요치 않다. 출가를 해야겠다'라며 그 몸의 영화를 가래침 뱉듯 던져 버리고 세존이 계신 곳으로 출가하였다. 출가한 뒤에 그는 부처님의 가르침을 배워 신통력과 삼매[선정]를 얻었다. 그후 수명을 다하여 범천의 세계에 다시 태어났다.

이 맘가라 부처님의 고향은 웃탈라라 하며, 아버지는 웃탈라라는 왕족이고 어머니는 웃탈라아라는 왕비였다. 수데바와 담마세나 두 사람이 으뜸가는 제자였고 팔리타가 시자, 시발리와 아소카가 으뜸가는 비구니 제자였다. 나가나무가 깨달음을 얻으신 나무이며 부처님의 키는 88핵타였다. 9만 년의 수명으로 열반에 드시자 1만 큰 세계가 일시에 전부 칠흑 같은 어둠 속에 빠졌고 사람들은 매우 슬퍼하였다.

콘단냐 이후에 맘가라라는 스승께서 나오시어
세상의 어두움을 몰아내고
진리의 횃불을 밝히셨다.

수마나 부처님

이렇게 1만 큰 세계를 칠흑 같은 어둠으로 만들고 열반에 드신 세존 이후에 수마나라는 스승께서 세상에 나오셨다. 그에게도 세 차례에 걸친 제자들의 집회가 열렸는데 첫 번째 집회에는 1조의 제자들이, 두 번째 칸챠나 산정(山頂)에서는 90조의 제자들이, 세 번째에는 80조의 제자들이 각각 참가하였다.

이 수마나 부처님 때에는 대사(大士)는 아툴라라는 이름의 용왕이었으며 위대한 신통과 위력을 가지고 있었다. 그는 "부처님이 세상에 출현하셨다"라는 소식을 듣자 친족들을 거느리고 용의 세계를 떠나 1조 명의 제자가 따르는 세존께 하늘의 음악을 공양하고 큰 보시를 올린 후 제자 한 사람 한 사람에게 고루 법의를 보시하고 삼귀의하였다. 이 세존도 또한 그에게 "그대는 미래세에 부처가 되리로다"라고 예언하셨다.

이 수마나 부처님의 고향은 케마라 하며, 아버지는 수닷타왕, 어머니는 실리마 왕비이고, 살라나와 바비탓타가 으뜸가는 제자였으며 시자는 우데나, 소나와 우파소나가 으뜸가는 비구니 제자, 나가나무가 깨달음을 연 나무요, 부처님의 키는 90핵타, 수명은 9만 세이셨다.

맘가라 이후에 수마나라 하는 스승께서 나시어
온갖 가르침에 짝할 이 없었으며
목숨 있는 모든 이들 가운데 으뜸이시었다.

레바타 부처님

그후 레바타라는 스승께서 세상에 나시었다. 그때에
도 세 차례의 집회가 열렸다. 첫번째 집회에서는 모여든
사람의 숫자를 명확하게 헤아릴 수 없었고, 두 번째에는
1조의 제자들이, 세 번째에도 또한 1조의 제자들이 모여
들었다.

이 레바타 부처님 당시, 보살은 아티데바라는 이름의
바라문으로 세존의 설법을 듣고 삼귀의하였다. 그는 두
손을 머리 위로 모으고 이 부처님이 번뇌를 모두 끊으
셨음을 찬탄하며 가사(袈裟)를 올렸다. 이 부처님도 또
한 "그대는 부처가 되리라"고 수기를 주셨다.

이 레바타 부처님의 고향은 수단냐바티라 부르며 아
버지는 비플라 왕, 어머니는 비플라아 왕비, 바루나와
브라흐마데바가 으뜸가는 제자였으며 삼바바가 시자였
고, 밧다와 수밧다가 으뜸가는 비구니 제자이며 나가나
무 아래에서 깨달음을 여시었다. 이 부처님의 키는 80핵
타, 수명은 6만 세이셨다.

수마나 이후에 레바타라는 스승께서 나시어
비할 바 없이 뛰어나시니
위없는 승리자이셨다.

소비타 부처님

그후 소비타라는 스승께서 세상에 나시었다. 그때에
도 세 차례에 걸친 제자들의 집회가 열렸는데 첫 번째에
는 10억, 두 번째에는 9억, 세 번째에는 8억의 제자들이
참가하였다.

이 소비타 부처님 당시 보살은 아지타라는 바라문으
로, 세존의 설법을 듣고 삼귀의하고 부처님을 비롯하여
제자들에게 커다란 보시를 하였다. 이 부처님도 또한 그
에게 "그대는 부처가 되리라"라고 수기를 주셨다.

이 소비타 부처님의 고향은 수담마이며 아버지는 수
담마 왕, 어머니는 수담마아 왕비, 아사마와 수넷타가
으뜸가는 제자였으며 아노마가 시자, 나쿨라와 수쟈타가
으뜸가는 비구니 제자였다. 나가나무 아래에서 깨달음을
여셨으며 이 부처님의 키는 58핵타, 수명은 9만 세이셨
다.

레바타 이후에 소비타라는 스승이 나시어

마음의 평온함을 얻으시니
마음이 고요히 잘 쉬었음에 비할 바 없었고
짝할 이 없었다.

아노마닷싱 부처님

이 부처님 이후에 1아산키야를 지나 같은 겁 중에 아노마닷싱, 파두마, 나라다라는 세 부처님이 세상에 나시었다. 아노마닷싱 부처님 때에도 제자들의 집회가 세 번 있었으니 첫 번째는 80만, 두 번째는 70만, 세 번째는 60만 명의 제자들이 참가했다.

이 아노마닷싱 부처님 때에 보살은 야차군(夜叉軍)의 장군으로, 대신통과 대위력을 갖춘 수많은 야차들의 우두머리였다. 그는 "부처님이 세상에 출현하셨다"고 전해 듣자 급히 달려가 부처님을 비롯한 제자들에게 커다란 보시를 하였다. 세존은 그에게 "그대는 미래세에 부처가 되리라"라고 수기하셨다.

아노마닷싱 부처님의 고향은 찬다바티이며, 아버지는 야사반트 왕, 어머니는 야소다라 왕비, 니사바와 아노마가 으뜸가는 제자이며 바루나가 시자, 순다리와 수마나가 으뜸가는 비구니 제자이고 앗쥬나나무 아래에서 깨달음을 여신 이 부처님의 키는 58핵타, 수명은 10만 세이셨다.

소비타 이후에 올바른 깨달음을 연 존귀하신 님은
아노마닷싱으로,
명성은 한이 없고 위광은 가이 없어
더 이상 수승할 수가 없었다.

파두마 부처님

이 부처님 이후에 파두마라고 하는 스승이 세상에 나
오셨다. 그때에도 세 차례 제자들의 집회가 있었으니 첫
번째에는 1조, 두 번째에는 30만, 세 번째에는 마을이 아
닌 숲속에서 열려 큰 삼림 속에 머무는 20만 제자들이
참가했다.

이렇게 깨달음의 극치에 이르신 이[여래]께서 삼림
중에 머물고 계실 때 보살은 사자로 태어나서, 세존께서
마음의 본질과 작용 모두를 멸한 삼매에 드신 것을 보
고, 믿음을 일으켜 지극한 마음으로 오른쪽으로 돌아 예
배올리면서 기쁜 생각으로 세 번 사자후하였다. 이레 동
안 부처님으로부터 얻은 기쁨을 버리지 않고, 그 기쁨과
즐거움으로 사냥도 잊은 채 스스로의 목숨을 버려서라
도 부처님을 위해 일을 하겠노라고 서원하였다.

세존은 이레째 삼매에서 깨어나 사자를 바라보고는 '이 사자는 제자들에게도 믿음을 일으키고 승단에도 지극하게 예경을 올릴 것이다'라고 생각하시고 "잘 왔도다. 비구들이여"라고 하셨다. 그러자 제자들이 모여들었다. 사자가 승단을 향해서도 믿음을 일으키자 세존은 그의 마음을 아시고 "그대는 미래세에 부처가 되리로다"라고 수기하셨다.

파두마 부처님의 고향은 챔파카이며 아버지는 파두마 왕, 어머니는 아사마 왕비이다. 사라와 우파사라가 으뜸가는 제자요, 바루나가 시자이며 라마와 우파라마가 으뜸가는 비구니 제자이고 소나나무 아래에서 깨달음을 여셨다. 부처님의 키는 58핵타, 수명은 10만 세이셨다.

아노마닷싱 이후에
올바른 깨달음을 여신 존귀하신 이는
파두마라 이름하며 비할 바도, 짝할 이도 없었다.

나라다 부처님

이 부처님 이후에 나라다라는 스승께서 세상에 나시었다. 그때에도 세 차례 제자들의 집회가 열렸으니 첫 회에는 1조의 제자들이, 두 번째에는 9천억, 세 번째에는 8

천억 제자들이 참가하였다.

이 나라다 부처님 때, 보살은 선인(仙人)의 길에 들어서서 다섯 가지 신통과 여덟 가지 삼매를 자재롭게 구사하여 부처님을 위시한 승단에 커다란 보시를 행하고 붉은 전단(栴檀)을 공양하였다. 이 부처님도 그에게 "그대는 미래세에 부처가 되리로다"라고 수기하셨다.

나라다 부처님의 고향은 단냐바티라 부르고 아버지는 수메다라 하는 왕족, 어머니는 아노마 왕비, 밧다사라와 지타밋타가 으뜸가는 제자이며 시자는 바셋타였다. 웃탈라와 팟그니가 으뜸가는 비구니 제자였으며 마하소나나무 아래에서 깨달음을 여신 이 부처님의 키는 88핵타, 수명은 9만 세이셨다.

파두마 이후에 올바른 깨달음을 여신 존귀하신 이는
나라다라 하며 비할 바도, 짝할 이도 없었다.

파두뭇탈라 부처님

나라다 부처님 이후 지금으로부터 십만 겁의 과거, 같은 겁 중에 오직 한 분 파두뭇탈라 부처님이 세상에 나시었다. 이 부처님 당시에도 세 차례에 걸친 제자들의 집회가 있었는데 첫 번째는 1조, 두 번째의 베발라 산중에서는 9천억, 세 번째에는 8천억의 제자들이 참가했다.

이 파두뭇탈라 부처님 때에 보살은 쟈틸라라 하는 위대한 영주(領主)였는데 부처님과 그 제자들에게 법복을 공양하였다. 이 부처님도 그에게 "그대는 미래세에 부처가 되리로다"라고 수기를 내리셨다. 파두뭇탈라 부처님 당시에는 부처님의 가르침 이외의 이교(異敎)는 없어 모든 사람들과 천인들이 오직 부처님께만 귀의하고 있었다.

파두뭇탈라 부처님의 고향은 함사바티이고, 아버지는 아난다라는 왕족이며 어머니는 수쟈타 왕비였다. 데발라와 수쟈타가 으뜸가는 제자였고 수마나가 시자였으며 아미타와 아사마가 으뜸가는 비구니 제자였다. 사라나무 아래에서 깨우치신 이 부처님의 키는 88핵타, 몸의 광채는 12요자나에 두루 미쳤으며 수명은 10만 세이셨다.

나라다 이후에 올바른 깨달음을 여신 이는
파두뭇탈라라 하는 승자(勝者)로서,
흔들림이 없는 큰 바다와도 같은 분이셨다.

수메다 부처님

이 부처님 이후에 3만 겁을 지나서 같은 겁 중에 수

메다와 수쟈타라는 두 분의 부처님이 세상에 나시었다. 수메다 부처님 때에도 세 차례에 걸친 제자들의 집회가 있었는데, 첫 번째 수닷사나 거리에서는 10억의 번뇌를 멸한 자들이, 그리고 두 번째에는 9억, 세 번째에는 8억의 제자들이 참가하였다.

이 수메다 부처님 당시 보살은 웃탈라라 이름하는 젊은이였는데 쌓아두었던 8억의 보물을 기꺼이 보시하여 부처님과 그 제자들에게 공양을 올렸으며 가르침을 듣고는 삼귀의하여 세속에서 출가하였다. 이 부처님도 또한 그에게 "그대는 미래세에 부처가 되리로다"라고 수기하셨다.

수메다 부처님의 고향은 수닷사나이고 아버지는 수닷타 왕, 어머니는 수닷타 왕비였다. 사라나와 삿바카마가 으뜸가는 제자였고 사갈라가 시자였으며 으뜸가는 비구니 제자는 라마와 수라마였다.

마하니파나무 아래에서 보리를 얻으신 이 부처님의 키는 88핵타, 수명은 9만 세이셨다.

파두뭇탈라 이후에 수메다라는 스승이 나오셨다.
대위광은 비할 데가 없으니
세상에서 으뜸가는 님이셨고
빼어난 존귀하신 성현이셨다.

수쟈타 부처님

이 부처님 이후에 수쟈타라 이름하는 스승께서 세상에 나시었다. 그때에도 세 차례의 집회가 열렸으니 첫 번째에는 6만, 두 번째에는 5만, 세 번째에는 4만의 제자들이 참가하였다.

이 수쟈타 부처님 당시에는 보살은 가르침에 의해 온 세상을 다스리고 있던 왕, 즉 전륜성왕이었다. "부처님이 세상에 나시었다"고 전해 듣고 부처님 계신 곳으로 달려가 가르침을 듣고는, 부처님을 비롯하여 그의 제자들에게 일곱 가지 보물과 함께 4대주(四大洲)[55]의 주권을 바치고 나서, 부처님 아래로 출가하였다. 왕국의 만백성들은 부처님께서 그 땅 위에 오신 때를 잡아 그 수족이 되어 지성껏 받들고 부처님을 비롯하여 제자들에게 꾸준히 큰 공양을 올렸다. 이 부처님도 또한 그에게 수기를 주셨다.

수쟈타 부처님의 고향은 수맘가라이며 아버지는 웃가타 왕, 어머니는 파바바티 왕비였다. 수닷사나와 데바가 으뜸가는 제자였고 나라다가 시자였으며 으뜸가는 비구니 제자들은 나가와 나가사마라였다. 마하벨루나무(대나무) 아래에서 깨달음을 여시었는데 이 나무에는 작은 구멍이 있고 줄기가 대단히 길어서 윗부분의 잎들이 공

작 꼬리를 묶은 것처럼 찬란히 빛났다고 한다. 부처님의
키는 50핵타, 수명은 9만 세이셨다.

　같은 만다 겁(劫) 중에 수쟈타라는 스승이 나오시니
사자 같은 뺨과 우왕(牛王)과 같은 어깨를 지니시어
헤아릴 길이 없었고 버금가는 이가 없었다.

피야닷싱 부처님

　이 부처님 이후 지금으로부터 1천8백 겁의 과거에, 같
은 겁 중에 피야닷싱, 앗타닷싱, 담마닷싱이라는 세 분
의 부처님께서 세상에 나시었다. 피야닷싱 부처님 당시
에도 세 차례에 걸친 제자들의 집회가 열렸는데 첫 번째
에는 1조, 두 번째에는 9억, 세 번째에는 8억의 제자들이
참가하였다.
　이 피야닷싱 부처님 때에 보살은 캇사파라 이름하는
젊은 바라문으로서 세 가지 베다성전에 밝았는데 부처
님의 설법을 듣고 1조의 재보를 공양하고 승가람(僧伽
藍)[56]을 지었으며 삼귀의와 오계를 받았다. 세존은 그에
게 "그대는 1천8백 겁을 지나 부처가 되리라"라고 수기
를 주셨다.
　피야닷싱 부처님의 고향은 아노맘이며 아버지는 수딘

나 왕, 어머니는 찬다 왕비였다. 팔리타와 삿바닷싱이 으뜸가는 제자였고 시자는 소비타, 그리고 수쟈타와 담마딘나가 으뜸가는 비구니 제자였다. 피양나무 아래에서 깨달음을 여신 이 부처님의 키는 80핵타, 수명은 9만 세이셨다.

수쟈타 이후에 명성을 떨치신 자재자(自在者),
세상의 스승이 나시었다.
미치기 어렵고 비할 바 없는 피야닷싱이셨다.

앗타닷싱 부처님

이 부처님 이후에 앗타닷싱이라는 스승께서 세상에 나시었다. 그때에도 세 차례의 집회가 있었는데 첫 번째는 9백8십만, 두 번째는 8백8십만, 세 번째도 같은 숫자의 제자들이 참가하였다.

이 앗타닷싱 부처님 당시에 보살은 수시마라는 이름의 신통력을 가진 고행자였는데 천인의 세계에서 만달라바꽃으로 만든 우산을 가져와 세존께 올렸다. 이 부처님도 또한 그에게 수기를 주시었다.

앗타닷싱 부처님의 고향은 소비타이며, 아버지는 사갈라 왕이고, 어머니는 수닷사나 왕비였다. 산다와 우파

산다가 으뜸가는 제자이며, 아바야가 시자, 담마와 수담
마가 으뜸가는 비구니 제자였다. 참파카나무 아래에서
깨달음을 여신 이 부처님의 키는 80핵타, 몸의 위광은
언제나 1요자나에 두루 넘쳐흘렀고 수명은 10만 세였다.

같은 만다 겁 중에 앗타닷싱이라 하는
인중(人中)의 우왕(牛王)이 나시었다.
거대한 어둠을 쳐부수고 위없는 보리에 도달하셨다.

담마닷싱 부처님

이 부처님 이후에 담마닷싱이라 하는 스승께서 나시
었다. 그때에도 세 차례에 걸쳐 제자들의 집회가 있었는
데 차례로 10억, 7억, 8억의 제자들이 참가했다.
이 담마닷싱 부처님 당시에 보살은 제석천왕이었는데
하늘의 향그러운 꽃과 음악을 부처님께 올렸다. 이 부처
님도 또한 그에게 수기를 주시었다.
담마닷싱 부처님의 고향은 살라나이며, 아버지는 살
라나 왕, 어머니는 수난다 왕비였다. 파두마와 풋사데바
가 으뜸가는 제자이며 수넷타가 시자이고, 케마와 삿바
나마가 으뜸가는 비구니 제자였다. 붉은 쿨라바카나무,
일명 빔비쟐라나무 아래에서 깨달음을 얻으신 이 부처

님의 키는 80핵타, 수명은 10만 세이셨다.

같은 만다 겁 중에 담마닷싱이라는
위없는 명성을 지니신 부처님이 세상에 나시었다.
그는 암흑을 쳐부수어
인간세상과 천상에 찬란히 빛을 주시었다.

싯닷타 부처님

이 부처님 이후에 지금으로부터 14겁 전의 같은 겁 중에 싯닷타 부처님이 홀로 세상에 나시었다.

그때에도 세 차례에 걸친 제자들의 집회가 있었는데 첫 회에는 1조, 두 번째에는 9억, 세 번째에는 8억의 제자들이 참가하였다.

이 싯닷타 부처님 당시에 보살은 큰 위광과 신통력을 가진 맘가라라는 이름의 고행자였는데 커다란 쟘브 열매를 여래께 올렸다. 부처님은 이 열매를 잡수시고 "그대는 미래 94겁 후에 부처가 되리라"라고 보살에게 수기를 주셨다.

싯닷타 부처님의 고향은 베발라이며 아버지는 쟈야세나 왕, 어머니는 수팟사 왕비였다. 삼발라와 수밋타가 으뜸가는 제자였으며 레바타가 시자, 시발리와 수라마가

으뜸가는 비구니 제자였다. 카니칼라나무 아래에서 보리
를 얻으신 이 부처님의 키는 60핵타, 수명은 10만 세이
셨다.

담마닷싱 이후에 싯닷타라 이름하는 스승께서
세상에 나오셨다.
온갖 어두움을 쳐부수니
그야말로 떠오르는 태양과도 같았다.

팃사 부처님

이 부처님 이후에 지금으로부터 92겁 전, 같은 겁 중
에 팃사와 풋사 두 부처님이 세상에 나시었다. 팃사 부
처님 때에도 세 차례의 집회가 열렸으니 처음에는 10억,
두 번째는 9억, 세 번째에는 8억의 제자들이 참가하였다.
이 팃사 부처님 당시에 보살은 수쟈타라는 왕족이었
는데 재산이 엄청나게 많고 명성 또한 널리 퍼졌다. 그
는 선인의 길에 들어서 위대한 신통력을 갖추게 되었는
데 "부처님이 세상에 나시었다"는 말을 듣고는 하늘의
만달라바꽃, 연꽃, 팔릿챵타카꽃을 갖고 네 종류의 불제
자[57]들이 위요하는 여래께 바치고 하늘에 꽃덮개를 만들
었다. 이 부처님도 또한 그에게 "지금으로부터 92겁 뒤

에 그대는 부처가 되리라"라고 수기를 주셨다.

　팃사 부처님의 고향은 케마이고 아버지는 쟈나산다라 이름하는 왕족이었고 어머니는 파두마라 이름하였다. 브라흐마데바와 우다야가 으뜸가는 제자였고 시자는 삼바바, 풋사와 수닷타가 으뜸가는 비구니 제자였다. 아사나 나무 아래에서 깨달으신 이 부처님의 키는 60핵타, 수명은 10만 세이셨다.

　싯닷타 이후에 짝할 이도 견줄 이도 없고
　가이 없는 명성을 지니신
　세간의 으뜸가는 스승 팃사가 나시었다.

풋사 부처님

　이 부처님 이후에 풋사라 이름하는 스승께서 세상에 나시었다. 그때에도 세 차례의 집회가 있었으니 첫 번째에는 6백만, 두 번째에는 5백만, 세 번째에는 3백2십만의 제자들이 모여들었다.

　이 풋사 부처님 당시에 보살은 비지타빈이라는 왕족이었는데 넓은 왕국을 버리고 세존께 출가하였다. 모든 부처님의 성전을 익히고 수많은 사람들에게 가르침을 전하며 지계바라밀행을 이루었다. 부처님은 그에게 또한 수기를 주시었다.

풋사 부처님의 고향은 카시이며, 아버지는 쟈야세나 왕, 어머니는 실리마 왕비였다. 수랏키타와 담마세나가 으뜸가는 제자였고 사비야가 시자였으며 찰라와 우파찰라가 으뜸가는 비구니 제자였다. 아말라카나무 아래에서 깨달음을 여신 이 부처님의 키는 58핵타, 수명은 9만 세이셨다.

같은 만다 겁 때 위없는 부처님께서 세상에 나시었다.
견줄 이 없는
세간의 으뜸가는 스승 풋사 부처님이셨다.

비팟싱 부처님

이 부처님 이후에 지금으로부터 91겁의 과거에 비팟싱이라는 스승이 세상에 나시었다.

그때에도 세 차례의 집회가 있어, 첫 번째에는 6백8십만, 두 번째에는 10만, 세 번째에는 8만의 제자들이 참가했다.

이 비팟싱 부처님 당시, 보살은 큰 신통력과 위광을 지닌 아툴라 용왕이었는데, 일곱 가지 보배로 꾸민 황금 의자를 세존께 올렸다. 이 부처님도 또한 "지금으로부터

91겁을 지나 그대는 부처가 되리라"라고 수기를 주셨다.

비팟싱 부처님의 고향은 반두마티이며, 아버지는 반두만트 왕, 어머니는 반두마티 왕비였다. 칸다와 팃사가 으뜸가는 제자였고 아소카가 시자, 챤다와 챤다밋타가 으뜸가는 비구니 제자였다. 파탈리나무 아래에서 보리를 얻으신 이 부처님의 키는 80핵타, 몸에서 나는 광채는 언제나 7요자나에 충일했으며 수명은 8만 세이셨다.

풋사 이후에 올바른 깨달음을 여신 이,
사람 가운데 가장 으뜸되는
비팟싱이라는 밝은 눈을 갖추신 이께서
세상에 나시었다.

시킴 부처님

이 부처님 이후에 지금으로부터 31겁 과거에 시킴과 벳사브 두 분의 부처님이 세상에 나오셨다. 시킴 부처님 때에도 세 차례 집회가 있었으니 첫 회에는 10만, 두 번째에는 8만, 세 번째에는 7만의 제자들이 모여들었다.

이 시킴 부처님 당시에 보살은 아린다마라 불리는 왕이었다. 그는 부처님을 위시한 제자들에게 법의를 포함하여 성대한 보시를 행하고 일곱 가지 보배로 꾸민 값

비싼 코끼리를 드리고 또한 그 코끼리의 큰 몸뚱이를 가늠하여 그에 어울리는 용구도 바쳤다. 이 부처님 또한 그에게 "그대는 지금으로부터 31겁 후에 부처라 되리라"고 수기를 주셨다.

시킴 부처님의 고향은 아루나바티이며 아버지는 왕족으로 아루나라 부르며 어머니는 파바바티라 하였다. 아비브와 삼바바가 으뜸가는 제자였고 케만카라가 시자였으며 으뜸가는 비구니 제자로는 아킬라와 파두마가 있었다. 푼달리카나무 아래에서 깨달으신 이 부처님의 키는 37핵타, 몸의 광채는 3요자나를 밝혔으며, 수명은 3만 7천 세이셨다.

비팟싱 이후에 올바른 깨달음을 여신 이,
사람 가운데 가장 위되는 이는
그 이름을 시킴이라 하니
비할 바도 없었고 견줄 이도 없는 승자(勝者)이셨다.

벳사브 부처님

이 부처님 이후에 벳사브라 이름하는 세존께서 세상에 나시었다. 그때에도 세 차례 집회가 열렸는데 첫 번째에는 8백만, 두 번째에는 7백만, 세 번째에는 6백만의 제자들이 참가하였다.

이 벳사브 부처님 당시에 보살은 수닷사나 왕이었고 부처님을 비롯하여 제자들에게 법의를 포함하여 큰 공양을 올리고 나서 부처님께 출가하였다. 그는 행하여야 할 덕을 충분히 갖추고 부처님을 마음속으로부터 깊이 존경하여 많은 희열을 얻었다. 이 부처님도 또한 그에게 "지금으로부터 31겁 후에 그대는 부처가 되리라"라고 수기를 주셨다.

벳사브 부처님의 고향은 아노파마이며, 아버지는 숫파티타왕, 어머니는 야사바티 왕비였다. 소나와 웃탈라가 으뜸가는 제자였으며 우파산타가 시자, 다마와 사마라가 으뜸가는 비구니 제자였다. 사라나무 아래에서 깨달음을 여신 이 부처님의 키는 60핵타, 수명은 6만 세이셨다.

같은 만다 겁 때에 비할 바 없고 견줄 이 없는,
그 명호를 벳사브라 하는 승자가 세상에 나시었다.

카크산다 부처님

이 부처님 이후에 현재의 겁과 같은 시간 중에 카크산다, 코나가마나, 캇사파, 그리고 우리의 세존까지 모두

네 분의 부처님께서 세상에 나시었다. 카크산다 부처님 때에는 단 한 차례의 집회가 열렸으며 4만의 제자들이 모여들었다.

이 카크산다 부처님 때 보살은 케마 왕이었는데 부처님과 그 제자들께 법의와 발우를 포함한 큰 보시를 행하고 향유와 약품을 공양하고는 부처님의 설법을 듣고 난 뒤 출가하였다. 이 부처님 또한 그에게 수기를 주셨다.

카크산다 부처님의 고향은 케마이며, 아버지는 앗기닷타라는 이름의 바라문이었고 어머니는 비사카라는 바라문 여인이었다. 비둘라와 산지바가 으뜸가는 제자였고 시자는 붓디쟈, 그리고 사마와 챰파카가 으뜸가는 비구니 제자였다. 마하실리사나무 아래에서 깨달음을 얻으신 이 부처님의 키는 40핵타, 수명은 4만 세이셨다.

벳사브 이후에 올바른 깨달음을 펼치신 님,
사람 가운데 으뜸이신 분,
그리고 헤아리기 어렵고 비할 바 없는
카크산다께서 세상에 나시었다.

코나가마나 부처님

이 부처님 이후에 코나가마나라 이름하는 스승께서 세상에 나시었다. 그때에도 꼭 한 번의 집회가 있었으니 3만의 제자들이 참가하였다.

이 코나가마나 부처님 당시 보살은 팟바타 왕이었는데 대신들을 이끌고 세존 계신 곳으로 나아갔다. 그리하여 설법을 듣고 부처님과 그 제자들을 모시어 커다란 보시를 행하고 훌륭한 옷감, 비단옷, 털로 만든 방석, 그리고 황마(黃麻)와 금포(金布)를 올린 다음 부처님께로 출가하였다. 이 부처님도 또한 그에게 수기하셨다.

코나가마나 부처님의 고향은 소바바티이며 아버지는 바라문으로서 그 이름이 얀냐닷타이었고 어머니도 바라문 여인으로서 웃탈라라 이름하였다. 빗요사와 웃탈라가 으뜸가는 제자였고 솟티챠가 시자였으며 사뭇다와 웃탈라가 으뜸가는 비구니 제자였다. 우담바라나무 아래에서 보리를 얻으신 이 부처님의 키는 20핵타, 수명은 3만 세이셨다.

카크산다 이후에 올바른 깨달음을 여신
으뜸가는 이는,
승리자이시며 세상에서 가장 위되는 이로서

사람 가운데 왕이신 코나가마나이시다.

캇사파 부처님

이 부처님 이후에 캇사파라는 스승께서 세상에 나시었다. 그때에도 오직 한 번의 집회가 있었는데 참가한 제자들은 2만을 헤아렸다.

이 캇사파 부처님 때 보살은 죠티팔라라는 이름의 바라문으로서 세 가지 베다성전의 깊은 뜻에 환하였고 땅 위에서나 하늘에서나 이름을 크게 떨쳤으며 도예가 가티칼라의 친구이기도 하였다. 그는 이 친구와 함께 부처님 계신 곳으로 나아가 설법을 듣고 출가, 정진하여 모든 부처님의 가르침을 다 익혔으며 크고 작은 임무를 다 해내어 부처님의 가르침에 빛을 더하였다. 이 부처님도 또한 그에게 수기하셨다.

캇사파 부처님의 고향은 바라나시였으며, 아버지는 브라흐마닷타라는 이름의 바라문이었고 어머니는 다나바티라는 이름을 가진 바라문 여인이었다. 팃사와 바라두바쟈가 으뜸가는 제자였고 삿바밋타가 시자였으며 아눌라와 우루벨라가 으뜸가는 비구니 제자였다. 니그로다 나무 아래에서 깨달으신 이 부처님의 키는 20핵타, 수명은 2만 세이셨다.

코나가마나 이후에 올바른 깨달음을 여신 위없는 이,
그 승리자의 명호는 캇사파라 하며
법왕(法王)[58]으로서 등불을 밝히신 님이셨다.

모든 부처님

열 가지 힘 갖추신 디팜카라 세존께서 세상에 나오신 같은 겁 동안에는 그 외에 세 분의 부처님께서 세상에 나시었다. 그러나 보살은 이들 세 분 부처님께는 수기를 받지 않으셨던 까닭에 여기에는 나타나 있지 않다. 주석서에는 이 겁 이후의 모든 부처님을 밝히기 위해 다음과 같이 설명하고 있다.

탄함카라, 메단카라, 사라난카라,
올바른 깨달음을 여신 디팜카라,
사람 가운데 으뜸이신 콘단냐,
맘가라, 수마나, 레바타, 현자 소비타,
아노마닷싱, 파두마, 나라다, 파두뭇탈라,

수메다, 수쟈타, 위대한 명성 지니신 피야닷싱,
앗타닷싱, 담마닷싱, 세간의 스승 싯닷타,
팃사, 풋사, 올바른 깨달음을 여신 비팟싱, 시킴,

벳사브, 카크산다, 코나가마나, 그리고 스승 캇사파.

이들 올바른 깨달음을 여신 분들은
탐욕의 마음을 떠나 올바른 마음의 안정을 얻어
백 근(筋)의 광명과도 같이 나타나시어
거대한 암흑을 쫓아 버리고 불덩이와도 같이
찬란하게 그들의 제자들과 함께 열반에 드시었다.

보리[59]를 얻기 위한 조건

이처럼 보살은 디팜카라 부처님을 비롯하여 스물네 분의 부처님 아래에서 서원을 세우고 4아산키야를 더한 십만 겁을 지나왔다. 그러나 캇사파 부처님 이후에는 이들 올바른 깨달음을 여신 부처님이 고타마를 제외하고는 달리 있지 않아 보살은 디팜카라 부처님을 비롯한 스물네 분의 부처님 아래에서 수기를 받게 되었다. 그런데 "반드시 사람이어야 할 것, 완전한 남성일 것, 깨달음을 얻을 인연이 있을 것, 대사(大師 : 부처님)를 만날 것, 출가할 것, 덕을 갖출 것, 부처님을 향해 지극한 마음일 것, 그리고 수행을 하고자 하는 의욕을 가질 것, 이러한 여덟 가지의 덕성이 모두 모여야만 비로소 부처가 되고자 하는 뜻이 성취된다"라고 전해지고 있었다. 그리하여 이러한 여덟 가지의 덕성을 모두 모아서 디팜카라 부처님 발 아래에 엎드려 뜻을 세워 "그러면 부처가 되기 위한 근본 가르침을 두루 찾아나서야겠다"고 노력하였다. "찾아나서서 나는 그때 제일 처음 행하여야 할 보시바라밀을 발견해 내었다."

이리하여 보시바라밀을 비롯하여 부처가 되기 위한 여러 가지 조건을 발견하고는 그 모두를 행하면서 벳산타라로서의 생애로부터 출발하여 왔다. 여러 가지 보살의 덕으로서 칭송을 받고 있는 다음과 같은 온갖 덕을 갖추고 떠나온 것이었다.

이와 같이 보리지혜에 도달한 이는
모든 신체를 잘 갖추고
1억 겁이나 오래도록 윤회했지만

무간지옥(無間地獄)[60]이나
또는 세간의 온갖 지옥에 태어나는 일 없었고,
불타오르는 탐욕의 마음이나 굶주림에 시달리는
악귀 칼라칸쟈카[61]가 된 적도 없었다.

하찮은 생류인 적도 없었고
괴로움에 시달리는 미망의 세계에
태어나지도 않았다.

설령 인간으로서의 생을 받는다 해도
선천적인 장님도, 귀머거리도,
벙어리인 적도 없었다.

분명 보리지혜에 도달할 이는
여인으로 태어난 일도 없었고
두 가지 성(性)을 갖고 태어난 적도 없었으며
또한 생식기능이 결여된 일도 없었다.

다섯 가지 죄[62]를 범하지 않아
행하는 일마다 정결함이 깃들었고
삿된 생각을 품은 적도 없었다.
이는 그가 업(業)[63]의 이치에 밝았던 까닭이다.

천상계에 머문다 할지라도
무상천(無想天)[64]에는 나지 않았고
정거천(淨居天)[65]에 나는 인연도 없었다.
선한 이는 미망의 세계에서 벗어나고자
마음을 기울여 온갖 생을 떠나고
모든 지혜로운 행을 이루었으니
세간에 이로운 행을 하였다.

그는 이와 같은 공덕을 몸에 지니고 떠나온 것이었다.

오랜 인연 이야기

119

십바라밀의 완수

그가 깨달음에 도달하기 위한 모든 수행을 닦고 있는 동안, 그는 아킷티라는 바라문으로 태어나기도 하였고, 어느 때는 상카라는 바라문, 다난쟈야 왕, 마하수닷사나 왕, 마하고빈다 왕, 니미 왕, 찬다 왕자, 비사이하 장자(長者), 시비 왕, 벳산타라 왕자 등등으로 태어나 보시바라밀행을 이루어낸 생애는 참으로 헤아릴 수 없었다. 그런데 특히 그가 〈사사판디타 쟈타카(본생경 삼백열여섯 번째 이야기)〉 중에서

"나는 걸식하러 오는 이를 보았을 때
나의 몸을 기꺼이 주었다.
베풂에 관해서는 나를 당해낼 자가 없으니
이것이 나의 보시바라밀행이다."

라고 말하고 있듯이 그가 자신의 몸을 버렸을 때 보시바라밀행은 궁극적으로 피안을 향한 길이 되었던 것이다.

마찬가지로 그가 시라바 코끼리왕으로 태어나거나 혹은 챰팻츠야 용왕, 브리닷타 용왕, 챵단타 코끼리왕, 쟈얏디사 왕의 아들인 아리낫투 왕자 등으로 태어나 지계

바라밀행을 이루어낸 생애는 이루 헤아릴 수 없었다. 그런데 특히 그가 〈산카팔라 쟈타카(본생경 오백스물네 번째 이야기)〉 중에서

　“꼬챙이로 찔리거나 칼로 잘릴지라도
　나는 아이들에게 화를 내지 않았다.
　이것이 나의 지계바라밀행이다.”

라고 이야기하고 있듯이 그가 자신의 몸을 버렸을 때 지계바라밀행은 궁극적으로 피안을 향한 길이 되었던 것이다.

　마찬가지로 그가 소마낫사 왕자로 태어나거나 혹은 핫티파라 왕자, 아요가라 현자로 태어나 거대한 왕국을 버리고 출리바라밀행을 이루어낸 생애는 참으로 헤아리기 어려운 것이었다. 그러나 특히 그가 〈츌라수타소마 쟈타카(본생경 오백스물다섯 번째 이야기)〉 중에서

　“내 손 안에 들어 있던 그 큰 왕국을
　나는 헌신짝 버리 듯하고
　그후 집착하는 마음을 일으키지 않았다.
　이것이 나의 출리바라밀행이다.”

라고 이야기하고 있듯이 생각에 끄달리는 일 없이 왕국

을 버리고 출가했을 때 출리바라밀행은 궁극적으로 피안을 향한 길이 되었던 것이다.

마찬가지로 그가 비둘라 현자로 태어나거나 혹은 마하고빈다 현자, 쿳달라 현자, 알라카 현자, 보디 유행자(遊行者), 마호사다 현자로 태어나 지혜바라밀행을 이루어낸 생애는 실로 이루 헤아릴 수가 없었다. 그런데 특히 〈삿두밧타 쟈타카(본생경 사백두 번째 이야기)〉 중에서 그가 세나카 현자로 태어났을 때

"지혜로 살펴본 후로 나는 바라문을
괴로움으로부터 자유롭게 만들었다.
지혜에 관한 한 나를 따를 자는 없다.
이것이 나의 지혜바라밀행이다."

라고 이야기하고 있듯이 그가 자루 속에 뱀이 들어 있는 것을 가르쳤을 때 지혜바라밀행은 궁극적으로 피안을 향한 길이 되었던 것이다.

마찬가지로 그가 정진바라밀행을 이루어낸 생애 또한 참으로 헤아릴 수 없을 정도이다. 그런데 특히 그가 〈마하쟈나카 쟈타카(본생경 오백서른아홉 번째 이야기)〉 중에서

"바다 한가운데에서 해안이 보이지 않아

많은 사람들이 죽어간다 할지라도
나의 마음은 변함이 없었다.
이것이 나의 정진바라밀행이다."

라고 이야기하고 있듯이 그가 대해를 건넜을 때 정진바
라밀행은 궁극적으로 피안을 향한 길이 되었던 것이다.
　그가 〈칸티바다 쟈타카(본생경 삼백열세 번째 이야
기)〉 중에서

"마치 감각 없는 사람인 양
카시 왕의 예리한 도끼에 잘려진다 해도
나는 화내지 않았다.
이것이 나의 인욕바라밀행이다."

라고 이야기하고 있듯이 흡사 감각이 없는 상태에 있는
것과도 같이 심한 고통을 잘 참아내었을 때 인욕바라밀
행은 궁극적으로 피안을 향한 길이 되었던 것이다.
　그가 〈마하수타소마 쟈타카(본생경 오백서른일곱 번
째 이야기)〉 중에서

"진실한 이야기를 잘 지키고,
스스로의 목숨을 버려서라도
나는 백 명의 전사들을 구해 내었다.

이것이 나의 진실바라밀행이다."

라고 이야기하고 있듯이 목숨을 버려 진실을 지켜내었을 때 진실바라밀행은 궁극적으로 피안을 향한 길이 되었던 것이다.

그가 〈무가팟카 쟈타카(본생경 오백서른여덟 번째 이야기)〉 중에서

"내게 있어서 부모는 꺼릴 것이 아니었듯이
명성도 꺼릴 것이 아니었다.
그러나 내가 좋아하는 것은 일체를 아는 지혜였다.
그런 까닭에 나는 수행할 것을 결심했던 것이다."

라고 이야기하고 있듯이 목숨을 버려서라도 수행할 것을 결심하여 행하여 내었을 때, 결정바라밀행은 궁극적으로 피안을 향한 길이 되었던 것이다.

그가 〈에칼라쟈 쟈타카(본생경 삼백세 번째 이야기)〉 중에서

"누구라도 나를 두려워하지 않았으며
나 또한 누구에게도 두려움을 품게 하지 않았다.
자비의 힘에 기대어
나는 산 중턱에서 언제나 즐거웠다."

라고 이야기하고 있듯이 스스로의 생명도 돌아보지 않
고 자비를 이루어내었을 때 자비바라밀행은 궁극적으로
피안을 향한 길이 되었던 것이다.
　그가 〈로마한사 쟈타카(본생경 아흔네 번째 이야기)〉
중에서

　　"내가 무덤 속에서 해골을 베개삼아 잠들어 있을 때
　　그곳으로 마을 아이들이 몰려와
　　온갖 짖궂은 장난을 하였다."

라고 이야기하고 있듯이 마을 아이들이 침을 뱉거나 혹
은 꽃다발이나 향료를 선물받는 등, 고통과 쾌락이 솟구
쳐도 담담한 마음을 잃지 않았을 때 사바라밀행은 궁극
적으로 피안을 향한 길이 되었던 것이다.
　이리하여 보살은 온갖 바라밀행을 완전하게 성취한
후 벳산타라 왕자로 태어나

　　"이 땅은 감각이 없어
　　즐거움과 괴로움을 알지 못한다.
　　그러나 이 땅은 나의 보시의 위력으로 인해
　　일곱 번 커다란 진동을 하였다."

라고 말하고 있듯이 그는 이 땅을 진동시킬 정도의 공

덕을 이루어 수명이 다했을 때 이 세상에서의 목숨을
마치고 도솔천 주처(住處)에 다시 태어났다.
　이와 같이 디팜카라 부처님 발 아래에 엎드리면서부
터 도솔천에 태어나기까지의 이야기를 〈오랜 인연 이야
기〉라고 한다.

제2장 그다지 오래지 않은 인연 이야기

부처님 출현의 탄성과 천인들

그런데 보살이 도솔천의 도시에 머물러 있을 때 '부처님 출현하심에 대한 탄성'[66]이라는 것이 일어났다. 이 세계에는 세 가지 탄성이 일어난다고 한다. 다시 말하면 겁초(劫初)[67]에 대한 탄성, 부처님 출현에 대한 탄성, 그리고 전륜왕의 출현에 대한 탄성이다.

이 세 가지 탄성 가운데 겁초에 대한 탄성은 다음과 같은 것이다. 즉 로카뷰하라고 하는 욕계(欲界)[68]에 있는 천인들이 '지금부터 10만 년을 지나면 겁이 시작될 것이다'라 생각하고, 상투를 풀어헤치고 머리를 흐트리며 울상을 짓고, 눈물을 닦으면서 붉은 옷을 꺼내 입는 등 평소에는 하지 않던 유별난 차림새를 하고 인간세계를 헤매면서 다음과 같이 외쳤다.

"여러분, 지금부터 10만 년이 지나면 겁초가 될 것이오. 이 세계는 없어지게 되고 대해는 말라붙으며 이 대지와 산중의 왕인 수미산은 불붙어 타버리고 말 것이오. 그리고 이 세계는 범천의 세계에 이르기까지 모두 사라져 버리고 말 것입니다. 그러니 여러분! 부디 사랑하는 마음을 닦으십시오. 여러분! 측은히 여기는 마음, 기뻐하는 마음, 덤덤하여 흔들리지 않는 마음을 닦으십시오. 집 안에서는 어머니에게 봉사하고 아버지에게 봉사하고 일가족의 연장자에게 존경하는 마음을 가지십시오."

이것을 겁초에 대한 탄성이라 한다.

또한 이로부터 천 년이 지나면 전지전능하신 부처님께서 세간에 나오실 것을 미리 생각하여 세계를 수호하는 천인들이, "여러분, 지금부터 천 년이 지나면 부처님께서 세상에 나실 것이오"라고 외치면서 돌아다녔다.

이것이 부처님의 출현에 대한 탄성이다.

또 지금부터 백 년이 지나면 세계를 통일하는 전륜왕이 세상에 나실 것을 미리 생각하고 천인들이 "여러분, 지금부터 백 년이 지나면 전륜왕이 세상에 나실 것이오"라고 외치면서 돌아다녔다.

이것이 전륜왕의 출현에 대한 탄성이다. 이것이 세 가지 위대한 탄성이다.

그 중 부처님의 출현에 대한 탄성을 듣고 대천세계의

모든 천인들은 한 곳에 모였다. 그리하여 "이러이러한 분이 부처가 되시리라"고 알고는 그 사람에게 다가가 부처가 되도록 간절히 원한다. 그리고 원하는 것도 부처가 될 조짐이 나타날 때에야 비로소 간청하는 것이다.

이때, 천인들 모두가 각각의 세계에 사는 4대왕천(四大王天),[69] 제석천, 야마천, 도솔천, 타화자재천 및 대범천의 천인들과 함께 하나의 세계로 모여들었다. 그곳에서 천인들은 도솔천의 도시에 계시는 보살의 처소로 가서 간청하였다.

"존귀하신 스승이시여, 당신이 십바라밀을 실천하심은 제석천의 영광이나 마왕,[70] 범천, 전륜왕의 영광을 위하여 이루신 것이 아니옵고 오직 세간의 사람들을 제도하시고자 일체지를 추구함으로써 이루신 것이나이다. 스승이시여, 바야흐로 부처가 되기 위한 때가 왔나이다. 존귀하신 스승이시여, 부처가 될 때이나이다."

5대 관찰(五大觀察)

그러자 대사(大士 : 보살)는 천인들의 청을 받아들이지 않으려는 듯이 먼저 세상에 태어나기 위한 때와, 대륙과, 지방과, 가계와, 생모 및 그 수명의 결정이라는 관점에서 이른바 오대 관찰을 하였다.

그 중에서 보살은 제일 처음으로 "그러면 바야흐로 내가 세상에 태어나기 알맞은 때인가 아닌가?"하며 때를 관찰하였다. 이럴 경우 10만 세 이상으로 수명이 늘어나는 때는 적당한 시기가 아니다. 왜냐하면 이때에는 사람들이 태어남이라든가 늙음, 죽음을 잘 알지 못하기 때문에 부처님들의 설법은 해탈을 가져다 주는 세 가지 특질[71]을 가진 것이 아니게 된다. 그 부처님들께서 덧없고(無常), 괴로우며(苦), 내가 아니다(無我)라고 설하고 계신다 해도 어째서 그런 것을 설하고 계시는 것일까 의아해 하면서, 그것을 듣지 않으면 안 된다는 것도, 믿지 않으면 안 된다는 것도 생각하지 않는다. 그런 까닭에 그 가르침에 대한 이해도 없다. 이해하지 못하면 가르침은 더 이상 깨달음으로 이끄는 것이 될 수 없다. 그렇기 때문에 그때는 적당한 시기가 아닌 것이다.

100세보다 수명이 적은 때도 적당한 시기는 아니다. 왜냐하면 그때 사람들은 번뇌에 가득 차 있다. 그리하여 번뇌로 가득 찬 사람들에게는 가르침과 훈계가 주어져도 그 뜻을 이룰 수 없다. 마치 수면 위에 작대기로 그린 선이 곧 사라져 버리듯이. 그러므로 그것도 적당한 시기는 아니다.

100세 이상 10만 세 이하의 수명일 때가 아주 적절한 시기이다. 때마침 수명이 100세이니 대사는 바야흐로 세상에 출현할 아주 적당한 시기임을 알았다.

다음으로 보살은 출현할 만한 대륙을 관찰하였다. 사대주와 거기에 딸린 섬까지 모두 관찰하여 '부처님들은 다른 3대주에는 출현하지 않으시고 이 쟘부주[72]에서만 출현하신다'라고 생각하고 그 대륙을 보셨다. 그러자 보살은 "쟘부주라고는 하지만 과연 참으로 크도다. 그것은 1만 요자나 크기인데 여러 부처님들은 과연 그 중 어느 지방에서 출현하셨을까?"라고 하시며 그곳을 살펴보시고 중부지방을 두루 보셨다.

중부지방이란 그 동쪽으로 카쟝가라라고 하는 도시가 있고 그 앞에 커다란 사라나무가 있으며 그 맨 앞 변두리지역에서 가까운 쪽이 중부이다. 동남쪽에서는 사랄라바티라고 하는 강이 있어 그 맨 앞 변두리지역에서 가까운 쪽이 중부이다. 남쪽에서는 세타칸니카라고 하는 마을이 있는데 그 맨 앞 변두리지역에서 가까운 쪽이 중부이다. 서쪽에서는 투나라고 하는 바라문 도시가 있는데 그 맨 앞 변두리지역에서 가까운 쪽이 중부이다. 북쪽에서는 우실랏다쟈라고 하는 산이 있는데 그 맨 앞 변두리지역에서 가까운 쪽이 중부이다.

이 지방은 길이가 3백 요자나, 폭이 2백5 요자나, 둘레가 9백 요자나이다. 또한 여러 부처님과 독각(獨覺)[73]과 으뜸가는 부처님의 제자와 큰 제자들, 그리고 80인의 위대한 제자들과 전륜왕, 그 외 큰 위력을 가진 크샤트리아와 바라문, 큰 재산을 지닌 이와 부호들이 태어난 곳이다. 그리고 이곳에는 일명 카필라바스투라고 하는 도시가 있었다. '나는 그곳에 태어나야 하겠다'라고 보살은 마음먹었다.

다음으로 태어날 만한 적당한 가계(家系)를 살펴보시고자 하여 "여러 부처님들은 서민의 집안이나 노예의 집안에 결코 태어나지 않으셨다. 세상의 존경을 받는 크샤트리아[74]의 집안과 바라문 집안의 두 가계에서만 탄생하셨다. 그리고 지금은 크샤트리아 집안이 세상의 존숭을 받고 있다. 나는 그곳에서 태어나야 하리라. 그리고 숫도다나 왕을 나의 아버지로 해야겠다"라고 하며 그 가계를 관찰하셨다.

다음으로 어머니에 대하여 관찰하고자 하여 "무릇 부처님의 어머니는 마음이 애욕으로 흔들리지 않고 술에 빠지지 않았으며 나아가 10만 겁 동안에 바라밀을 성취하여 왔고 태어나면서부터 5계를 잘 지켜오신 분인 마하마야 왕비가 그러한 사람이니 이 여인을 나의 어머니로 해야겠다. 그런데 이 사람의 수명은 어느 정도일까?" 하고 생각하니 이후 10개월 7일 동안인 것을 아셨다.

보살이 태에 드심

이리하여 대사는 이 다섯 가지 위대한 관찰을 마치시

고 "벗들이여, 바야흐로 내가 부처가 될 시기이도다"라
며 천인들을 따뜻하게 맞이하여 부처가 되시고자 청을
받아들였다. 그리하여 "모두 돌아가시오" 하여 그 천인
들을 돌려보낸 후에 도솔천 천인들의 위요를 받으며 도
솔천의 환희원(歡喜苑)에 드시었다. 이것은 어떠한 천계
에도 똑같은 환희원이 있기 때문이다.

그러자 천인들은 보살에게 "이곳에서 목숨을 마치시
어 보다 좋은 곳으로 가시오소서"라고 말하며 보살이
전생에서 이루신 선업의 모습을 기억해 내고자 보살을
감싸고 빙빙 돌았다. 이리하여 보살은 선업을 생각해 내
려고 하는 천인들에게 둘러싸여 깊이 생각에 잠기셨는
데, 그 하늘에서 목숨을 마치시어 마하마야 왕비의 태에
깃드신 것이다. 그러한 순서로 깃드신 모습을 자세히 하
고자 다음의 순서를 좇아 이야기하기로 한다.

전하는 바로는 그때 카필라바스투 도시에서는 아살라
칠석제[75]가 거행되어 세도가들이 제사를 올리고 있었다.
마하마야 왕비는 보름 칠일 전부터 술이나 마실 것들을
피한 채 꽃다발과 향유와 장식으로 몸을 꾸미고 축제를
즐기고 있었다. 왕비는 7일째 되는 날 아침 일찍 일어나
향수로 목욕을 하고 40만의 금을 기꺼이 보시하는 등 커
다란 보시를 하며 온갖 장엄구로 몸을 꾸미고 가장 훌
륭한 식사를 하고, 정계(淨戒)[76]를 지녔다. 왕비는 화려
하게 꾸며지고 잘 정돈된 침전에 들어 훌륭한 침대에

누워 잠들면서 다음과 같은 꿈을 꾸었다.

사천왕들이 왕비를 침대째 들어올려 60요자나 넓이의 한 마노실라 평원에 7요자나 높이의 큰 사라나무 아래에 놓고 그 옆에 섰다.

그러자 그들의 비(妃)들이 몰려와 마하마야 왕비를 아노탓타 연못으로 데려가 인간의 때를 말끔히 없애기 위해 목욕을 시키고 하늘의 옷을 입히고 하늘의 향유를 바르고 하늘의 꽃으로 치장하였다. 그곳에서 멀지 않은 곳에 은으로 된 산이 하나 있고 그 산 속에 황금궁전이 있었으니 그곳에 동쪽으로 머리를 두도록 천인의 침대를 놓고 왕비를 가로 눕혔다.

그때 보살은 훌륭한 흰 코끼리가 되어 그곳에서 멀지 않은 곳에 있는 황금의 산에서 노닐다가 그곳에서 내려와 은산(銀山)에 올라 북쪽으로부터 와서 은줄과 같은 코로 하얀 연꽃을 집어들고는 큰소리로 부르짖으며 황금궁전으로 들어가셨다. 그리하여 어머니의 침대를 세 번 오른쪽으로 돌고 어머니의 오른쪽 옆구리를 두드리며 태내에 들어 모습을 취하였다. 이리하여 보살은 웃탈라살라 성좌에 만월이 깃든 날에 모태에 깃든 것이다.

다음 날 잠에서 깨어난 왕비는 그 꿈을 왕에게 아뢰었다. 왕은 64인의 바라문 장로들을 모셔와, 연초록 잔디를 깔고 볶은 벼 등으로 훌륭하고 정중하게 장식한 대지 위에 값비싼 자리를 설치하고, 그 자리에 앉은 바라문들

에게 버터와 꿀과 사탕수수 따위로 만든 가장 좋은 우
유죽을 금은 발우에 가득 채워, 역시 금은 발우로 뚜껑
을 덮어서 바쳤다. 게다가 새 옷과 갈색 소 등을 보시하
여 그들을 흡족케 하였다.
　그들의 모든 소원을 다 들어준 뒤 그 꿈을 말하고
"대체 어떤 일이 있겠습니까?" 하고 질문하였다.
　바라문들은 말하였다.
　"대왕이시여! 염려하지 마십시오. 왕비의 몸안에 태아
가 깃들게 되었기 때문입니다. 더구나 그분은 사내아이
이며, 계집아이가 아닙니다. 당신에게는 왕자가 태어나
게 되었습니다. 만약 그분이 재가에서 생활하게 된다면
전륜왕이 되실 것입니다. 만약 집을 떠나 출가하게 된다
면 이 세상에서 어리석음의 덮개를 걷어버린 부처가
될 것입니다."
　보살이 모태에 든 순간에는 갑자기 1만 큰 세계가 모
두 흔들리고 진동하며 동요하였다. 그리하여 다음과 같
은 32가지의 길조가 나타났다.
　1만 큰 세계에는 무량한 광명으로 가득 차고, 그 상서
로운 조짐을 보고자 원한 저 눈 없는 이는 시력을 얻고,
들을 수 없는 이는 소리를 들으며, 말 못하는 이는 서로
이야기 나누며, 등이 굽은 이는 꼿꼿해지고, 두 다리로
설 수 없었던 이는 걸어다니고, 갇힌 몸이었던 온갖 사
람들은 족쇄의 묶임으로부터 풀려나고, 모든 지옥[77]에서

는 불이 꺼지고, 아귀의 경우에는 굶주림과 목마름이 멈추며, 축생에게는 두려움이 없어지고, 모든 사람들의 병과 탐욕 따위의 번뇌의 불이 꺼지며, 모든 사람들은 애정어린 이야기를 주고받으며, 기분좋은 듯 말은 큰소리로 울고, 코끼리는 소리내어 울었다.

모든 악기는 손을 대지 않았는데도 저절로 각기 음색을 내며, 인간의 손에 닿은 장신구는 울기 시작하고, 사방이 밝고 깨끗해지며, 사람들에게 상쾌한 기분을 불러일으키려는 듯 부드럽고 청량한 바람이 불고, 때아닌 비가 내리퍼붓고, 대지에서도 물이 솟구쳐 넘쳐나고, 새는 더 이상 하늘을 날지 않으며, 강은 흐르기를 멈추었고, 큰 바다의 물은 감미로워지고, 온갖 곳이 오색의 연꽃으로 뒤덮인 평지가 되고, 육지와 물속에서 온갖 꽃들이 피어났다.

또 나무줄기에는 줄기에 피는 연꽃이, 가지에는 가지에 피는 연꽃이, 덩굴에는 덩굴에 피는 연꽃이 오색창연하게 피었으며, 육지에서는 암반을 뚫고 위로 위로 일곱개씩 막대기 모양의 연꽃이 피어나고, 공중에는 버들가지 모양의 연꽃이 피었고, 꽃비가 고루 내리며, 하늘의 악기가 울려퍼지고, 1만 큰 세계는 모두 회전하고, 흡사 풀어진 꽃다발 뭉치와도 같이, 꼭꼭 묶여진 꽃다발과도 같이, 또 잘 꾸며진 꽃다발 방석과 같이, 꽃다발 하나하나를 이은 깃털불자(拂子)가 꽃향을 풍기는 등 그 모두가 참으로 아름다움의 극치에 도달한 것이었다.

탄생

이리하여 이 세상에서 살아가게 된 보살이 모태에 깃든 이래, 보살과 그 어머니의 액난을 막기 위하여 손에 칼을 든 네 명의 천자(天子)[78]가 수호하였다. 보살의 어머니는 남성에 대한 탐욕심을 일으키지 않고 이익됨과 영예로움의 정점에 도달한 분이었다. 안락하여 몸이 피로해지는 일이 없고 태내에 깃든 보살은 청정한 마니보석을 엮은 황색 실과도 같이 보였다. 그리고 보살이 깃든 태궁(胎宮)이란 탑묘의 깊숙한 사원과도 같이 다른 사람이 머물거나 이용할 수가 없기 때문에, 보살의 어머니는 보살이 태어난 지 이레만에 목숨을 마쳐 도솔천에 태어나신 것이다.

그리고 다른 여인은 10개월을 채우지 않거나 10개월을 넘거나, 혹은 앉거나 눕거나 하여 아이를 낳지만 보살의 어머니는 그러하지 않았다. 보살의 어머니는 보살을 10개월 간 모태에서 잘 보호하고 똑바로 선 채로 출산한 것이다. 이것은 보살의 어머니가 본래 그러한 까닭이다.

마하마야 왕비도 그릇에 기름을 부어넣듯이 10개월

동안 보살을 모태에서 잘 보호하여 달이 찼을 때 친정으로 돌아가고자 숫도다나왕에게 청하였다.

"폐하, 저는 생가가 있는 데바다하 도시에 가고 싶사옵니다."

왕은 "좋은 생각이오"라며 동의하고 카필라바스투에서 데바다하 도시에 이르기까지 길을 정돈하고, 파초며 물이 가득 찬 항아리며 깃대 등으로 치장하도록 일렀다. 그리고 왕비를 황금가마에 태우고 천 명의 믿음직한 신하들에게 짊어지게 하고 수많은 시종을 딸리어 왕비의 친정으로 보냈다.

그런데 두 도시 중간 지점에 두 도시 주민들이 함께 소유하고 있는 룸비니라고 하는 아주 아름다운 사라나무 동산이 있었다. 그때 룸비니 동산에는 나무뿌리에서 가지 끝까지 전부 똑같은 꽃들이 피어 있었다. 가지 사이와 꽃 사이에 오색의 꿀벌들과 온갖 종류의 새들이 아름답게 지저귀며 날고 있었다. 마치 룸비니 동산 전체가 제석천의 칫탈라타 동산과도 같았고 세력 있는 왕이 정성을 들여 치장케 한 연회장과도 같았다.

이 장관을 본 왕비는 사라 숲에서 노닐고 싶은 마음이 일어났다. 그래서 신하들은 왕비를 모시고 사라 숲으로 들어갔다. 상서로운 사라나무 아래로 간 왕비는 사라나무 가지를 잡고 싶었다. 그러자 사라나무 가지가 흠뻑 젖은 갈대 끝처럼 내려뜨려져 왕비의 손이 닿는 곳까지

내려왔다. 왕비는 손을 뻗쳐 가지를 붙잡았다.

마침 그때 왕비는 산기를 느꼈다. 그러자 그녀는 장막으로 사방을 가리고 많은 사람들을 물러가게 하였다. 그리하여 사라나무 가지를 붙잡고 선 채로 출산하였던 것이다. 그 순간 네 명의 청결한 마음을 가진 대범천이 황금그물을 가져와 그 황금그물로 보살을 받아 어머니 앞에 서서 말하였다.

"왕비여, 기뻐하소서! 위엄 있는 당신의 아이가 태어났습니다."

그런데 다른 사람들은 모태에서 나온 까닭에 몹시 더럽혀져 나오지만 보살은 그러하지 않았다. 더구나 보살은 법좌(法座)에서 내려선 설법자와도 같이, 그리고 사닥다리에서 내려온 남자와도 같이 두 손과 두 발을 곧게 펴고 서서, 모태에 있어서도 어떠한 부정한 것에도 더럽혀지지 않고 청정하고 순결하며 마치 카쉬 산(産)천에 감싸인 마니보석과도 같이 빛을 내면서 모태에서 나오신 것이었다.

또한 보살과 보살의 어머니를 향한 우러름으로 인해 하늘에서 두 줄기 물이 내려와 보살과 그 어머니의 몸에 생기를 북돋웠다. 뿐만 아니라 그를 황금그물로 감싸고 있던 범천들의 손에서 4대왕천(四大王天)이 가장 좋은 매끄러운 영양의 가죽으로 받아들었다. 다시 그들의 손에서 보살을 사람들이 누런 베보자기로 받아들었다.

그다지 오래지 않은 인연 이야기

사람들의 손에서 나와 보살은 대지에 똑바로 서서 동쪽
을 지그시 바라보았다. 그러자 무수한 대천세계는 마치
하나의 안뜰과도 같아졌다.

그때 천인들도 향유와 꽃다발을 가지고 보살을 공양
하면서 말했다.

"위대한 님이시여! 여기에는 당신과 동등한 이는 어
디에도 없습니다. 당신 말고 수승한 이는 도저히 있을
수 없습니다."

이리하여 보살은 4방과 4유와 상하의 시방(十方)을
둘러보아도 자신과 동등한 이는 찾아볼 수 없었기 때문
에 "이것이 북쪽이다" 하고 한 걸음 한 걸음씩 모두 일
곱 걸음 걸으셨다. 대범천은 흰 우산을 펴고 야마천은
깃털로 만든 불자를 가지고, 다른 하늘은 그의 왕족의
상징인 여러 가지 물건을 손에 들고 따라갔다. 그로부터
일곱 걸음째에 멈춰 서서 "나는 세계의 으뜸가는 자이
다"로 시작하는 황소와 같은 외침으로 사자후하셨던 것
이다.

이 말은 보살이 지금까지 모태에서 태어난 세 번의
생에서만 낸 소리이다. 과거 마호사다의 생과 벳산타라
왕자의 생과 지금의 보살의 생에 있어서이다.

전하는 바로는 보살이 마호사다로 태어났을 때 모태
에서 막 나오려 할 때 제석천왕이 와서 전단나무의 심
(芯)을 그 손에 들려주고 갔다. 그는 그것을 마디째 들

고 떠나온 것이다. 그때 어머니는 그에게 "그대는 대체 무엇을 손에 들고 오셨습니까?" 하고 묻자 "어머니! 오사다 약입니다"라고 대답하였다. 이리하여 오사다 약을 가지고 왔기 때문에 오사다 동자라는 이름으로 불려지게 되었다.

사람들은 그 오사다 약을 항아리에 넣었다. 그러자 각각 모여든 앞 못 보는 자나 귀머거리들에게는 온갖 병을 치료하는 약품이 되었다. 그로 말미암아 "위대하도다. 이 오사다 약은 위대하도다, 이 오사다 약이여!"라는 명성이 퍼져감으로써 마호사다〔위대한 약〕라는 이름이 붙여지게 된 것이다.

한편 벳산타라 왕자의 일생은 모태에서 막 나오려 할 때 오른손을 쫙 펴고 "어머니! 집에 무엇이 있습니까? 저는 보시를 하고자 합니다"라고 말하면서 나왔다. 그러자 그 어머니는 "그대는 부유한 집안에 태어났습니다"라고 말하며 천금이 든 자루를 아들의 손에 건네 주었던 것이다.

나아가 보살은 이 생에서 또한 앞에서 말했던 것처럼 사자후를 토했던 것이다. 이리하여 보살은 세 번의 생에서 모태로부터 막 나오면서 소리를 낸 것이다.

그리고 모태에 들어 있을 때와 마찬가지로 출생할 때에도 보살에게는 32상의 징후가 또렷하게 나타났다. 우리의 보살이 룸비니 동산에서 탄생하신 바로 그때에 라훌라의 어머니인 장래의 비(妃)[79]와 챤나라고 하는 신하와 카르다이라고 하는 신하와 칸타카라 이름하는 말 중의 말[王馬]과 대보리수와 네 개의 보배항아리가 탄생하였다. 그 네 개의 보배항아리는 각각 1가우터,[80] 반 요자나, 3가우터 그리고 1요자나 크기였다.

이상 일곱 가지가 동시에 생겨났던 것이다. 이리하여 양 도시의 주민들은 보살을 모시고 카필라바스투 도시로 돌아왔다.

칼라데바알라 행자의 예언

같은 날 육욕천(六欲天)[81] 가운데 하나인 삼십삼천[82]은 "카필라바스투 도시의 숫도다나 대왕에게 왕자가 탄생하시었다. 이 왕자는 보리수 아래에 앉아 부처가 되시리라"라고 환희하고 기뻐하면서 천인들이 헝겊을 던지는 등 서로 축하하였다. 그때 숫도다나 대왕의 신임을 받는 자이며 여덟 가지 삼매에 도달한 칼라데바알라 행자가 식사를 마치고 잠시 쉬러 삼십삼천으로 갔다. 그곳에서 휴식을 즐기고 있던 그는 그 천인들을 보고 물었다.

"대체 무슨 까닭으로 당신들은 그처럼 기뻐하고 축하하며 계십니까? 내게도 그 이유를 말해 주십시오."

천인들이 대답하였다.

"존사이시여! 숫도다나왕의 왕자가 탄생하셨습니다. 그분은 후에 보리수 아래에 앉아 부처가 되어 법륜을 굴리실 것입니다. 우리들은 그 한량없는 부처님의 수승함을 보고 그 가르침을 들을 수 있게 된 까닭으로 기뻐하고 있는 것입니다."

수행자는 그들의 말을 듣고 급히 천계에서 내려와 왕궁으로 갔다. 그리고 마련된 자리에 앉은 그는 말하였다.

"대왕이시여! 당신께 왕자가 태어나시었다고 하는데 그 왕자를 제게 보여주시옵소서."

왕은 장엄된 왕자를 데리고 오게 해 수행자에게 예배하도록 하였다. 그러자 왕자는 행자의 머리 위로 날아올라섰다. 왜냐하면 보살이 그 스스로의 몸으로 예배할 만한 존재는 어디에도 있지 않기 때문이었다. 만약 모르는 이가 보살의 머리를 행자의 발 아래에 가도록 놓아둔다면 행자의 머리는 일곱 조각으로 쪼개어질 것이기 때문이었다. 행자는 "내 스스로를 파멸시켜서는 안 된다"라면서 자리에서 일어나 보살에게 합장을 하였다. 왕은 그러한 불가사의한 모습을 보고 친히 왕자에게 예배하였다.

수행자는 과거 40겁과 미래 40겁, 즉 80겁의 일을 기억하고 있었다. 수행자는 보살의 특징이 갖추어진 모습을 보고 '과연 부처가 되실 분일까? 그렇지 않을까?' 하고 골똘히 생각하였다. 그러자 문득 '이분은 반드시 부처가 되실 것이다'라고 깨닫고 '이분은 다시없이 희유한 이로다'라는 듯이 미소지었다.

그리고 나서 '나는 이분이 부처가 되실 때 만나뵈올 수 있을까?' 하고 깊이 생각에 잠겼던 그는 '아니로다. 만나뵈올 수가 없겠구나. 나는 그동안에 이미 목숨을 마치니 설령 100인의 부처가 계신다 할지라도, 1000인의 부처가 계신다 할지라도 그곳으로 가서 나는 깨달음을 구하지는 못하겠구나. 왜냐하면 나는 무색계에 태어날 것이기 때문이다'라는 것을 알았다. 그리고 수행자는 "이렇게 불가사의한 분이 부처가 되시는데도 만나뵐 수 없다니 이는 내게 커다란 손실이 아닐 수 없구나"라고 말하며 흐느꼈다.

사람들은 그 모습을 보자 의아해했다.

"우리의 성자께서는 줄곧 미소만을 짓고 계시더니 지금은 울고 계시는군요. 존자이시여! 우리들의 성스러운 왕자님께 무슨 불길한 일이라도 있사옵니까?"

"아니오. 이분에게는 불행이란 없습니다. 오히려 분명 부처가 되실 분이십니다."

"그렇다면 어찌하여 울고 계시는지요?"

"이와 같은 분께서 부처가 되시는데도 뵈올 수 없다는 것은 제게 참으로 크나큰 손실이 됩니다. 바로 그것을 탄식하여 울고 있는 것입니다."

그리고 나서 수행자는 생각하였다. '그러면 나의 친척 가운데에서 이분이 부처가 되셨을 때 누가 만나뵈올 수 있을까? 혹시 만나뵐 사람이 없는 것은 아닐까?' 그러자 누이의 아들인 나라카 동자를 생각해 내었다. 그는 누이의 집으로 가서 "누이의 아이는 지금 어디에 있는가?" 하고 물었다. 누이가 "집에 있습니다" 하고 답하자 수행자는 "그 아이를 불러다오" 하고 말하였다. 수행자는 자신의 처소로 불려온 아이에게 말하였다.

"얘야! 숫도다나 대왕의 가문에서 탄생하신 왕자께서는 부처님의 싹이라고 말해도 좋을 분이신데 그분은 지금부터 35년 후에 부처가 되실 것이다. 너는 그분을 만나뵈올 수 있을 터이니 지금 곧 출가하려므나."

87코티[83]의 재산이 있는 집에 태어난 동자는 '내 어머님의 오라버니가 이익되지 않는 일을 말씀하실 리 없다'고 생각하고 먼저 시장에 가서 누런 옷과 기와로 만든 발우를 사고 머리카락과 수염을 자른 뒤 누런 옷을 입었다. 그리고 나서 "세계에서 가장 뛰어나신 이, 그분을 위하여 나는 출가하는 것이다"라며 보살이 계신 곳을 향하여 합장하고 오체를 던져 예배하였다. 그리고 나라카 동자는 발우를 넣은 자루를 어깨에 메고 설산으로 들어가 수행자(사문)의 본분을 다하였다.

그는 후에 최고의 깨달음에 도달하신 여래[부처님]의 처소에 와서 〈나라카의 길〉[84]이라는 가르침을 받들고 다

그다지 오래지 않은 인연 이야기

시 설산에 들어가 아라한이 되었다. 그리하여 훌륭한 실
천의 길을 행한 지 7개월이 지나 어떤 황금산 근처에 서
서 무여열반의 경지에 들었던 것이다.

8명의 바라문의 예언

그리하여 다섯째 날이 되자 왕은 보살을 목욕시키고
나서 "이름을 지어야겠구나"라고 말하며 왕궁에 네 가
지 향수를 뿌리도록 하고 다섯 번째로 라쟈꽃을 뿌리게
하였다. 그 다음에 조금도 티가 섞이지 않은 우유죽을
끓이도록 한 뒤 세 가지 베다에 밝은 8명의 바라문들을
초청하여 왕궁으로 모셨다. 그리하여 갖가지 훌륭한 음
식을 공양하고 극진히 대접한 뒤 "왕자는 장차 어떻게
살아가겠습니까?" 하며 장래를 점쳐주기를 부탁하였다.
그들 8명의 바라문은 라마와 다샤와 락카나와 만티, 콘
단냐와 보쟈와 수야마와 수닷타였다. 여섯 가지 학문을
고루 닦은 그들은 주문을 외웠다.
이 여덟 명의 바라문들이 보살의 상(相)을 점친 사람
이었다. 보살의 태몽도 이 사람들이 점친 것이다. 그들
중에 일곱 사람은 손가락 두 개를 펴고 두 가지로 예언
하였다. "이와 같은 상을 갖춘 이는 재가생활을 하게 된
다면 전륜왕이 될 것이요, 또 출가하게 된다면 부처가

될 것입니다"라며 모두들 전륜왕의 영광스러운 미래를 알렸다.

그런데 그들 가운데 가장 젊은 콘단냐라는 성을 가진 청년은 보살의 상이 완벽하게 이루어져 있음을 관찰하고 "이분이 집안에 머무실 이유는 없습니다. 반드시 번뇌의 그물을 없앤 부처님이 되실 것입니다"라고 말하며 단 하나의 손가락을 펴고 오직 하나의 예언을 하였다.

이렇게 예언을 한 사람은 스스로 노력하여 마지막 생을 연 사람으로, 지혜가 다른 일곱 사람보다 월등히 뛰어났으므로 "이러한 상을 갖춘 분이 집안에 머물러 있다는 것은 상상조차도 할 수 없는 일이다. 틀림없이 부처가 되실 것이다"라는 단 하나의 미래를 깨달았던 것이다. 그러므로 손가락을 하나만 들어 그와 같이 예언했다.

그러한 뜻에서 보살에게 이름을 짓고자 했던 사람들은 세상의 모든 가치를 이룬 상태라는 뜻에서 '싯닷타'라는 이름을 붙인 것이다.

이윽고 이 일곱 바라문들은 각기 집으로 돌아가 자식들을 불러 모았다.

"얘들아! 우리는 지금 늙고 지쳤다. 숫도다나 대왕의 왕자께서 일체지(一切智)에 도달하실 것이다. 그 때에는 그 가르침을 따라 출가하기 바란다."

일곱 바라문들은 말을 마치자마자 그대로 수명을 다

그다지 오래지 않은 인연 이야기

하여 각자의 업에 따라 세상을 떠났다. 단지 콘단냐 청년만이 병 없이 건강하였다. 왕자는 후에 대사(大士)로서 깨달음을 구하기 위해 위대한 출가를 이룬 뒤 이윽고 우루벨라에 도착하시어 '참으로 훌륭하구나, 이 지방은. 이곳은 좋은 가문의 사람으로 정진하기를 간절히 원하는 자가 정진하기 가장 좋은 곳이로구나'라고 생각하시며 그곳에 거처하시기로 결정하셨다.

그때 콘단냐는 "위대한 사람이 출가하셨다"라는 소문을 전해 듣고는 일곱 바라문의 아들들이 있는 곳으로 가 이야기했다.

"싯닷타 태자가 출가하셨다고 합니다. 그분은 틀림없이 부처가 되실 것이오. 만일 그대들의 부친께서 건재하셨다면 지금이라도 당장 집을 버리고 출가했을 것입니다. 만일 그대들도 바란다면 어서 오십시오. 나는 저분을 따라 출가할 작정입니다."

그러나 그들은 모두가 뜻을 함께할 수 없었다. 세 사람은 출가하지 않았고, 콘단냐 바라문을 선두로 하여 다른 네 사람은 출가하였다. 이 다섯 사람은 후에 다섯 장로들이라 불리게 되었다.

그런데 그때, 왕은 "나의 왕자가 무엇을 계기로 출가하겠소?"라고 물었다.

바라문들은 답했다.

"네 가지 징후입니다."

"그것은 어떤 것들이오?" 하고 왕이 다시 묻자 바라문들이 대답하였다.

"늙은 사람, 병든 사람, 죽은 사람 그리고 출가자가 그것입니다."

그러자 왕은 "지금부터 그와 같은 것들을 나의 왕자에게 가까이 두지 않으리라. 내 왕자가 부처가 될 필요는 없다. 나는 왕자가 2천 개의 섬으로 에워싸인 4대주를 통치하며, 36요자나 주위에 걸친 대중들에게 둘러싸여 허공을 거침없이 걸어다니는 모습을 보고 싶다"라고 말하며, 그러한 네 종류의 사람들이 왕자의 눈에 띄지 않도록 사방에 걸쳐 1가우터씩 경비병을 두었다.

그런데 그날 상서로운 장소로 8만 명의 친척들이 모여들었다. 그때 그들은 집집마다 한 명씩의 아이를 불러내어 약속하였다.

"그분이 부처가 되시거나 혹은 왕이 되시거나 우리들은 아이 한 명씩을 바치기로 하자. 만약 왕자께서 부처가 되신다면 우리 크샤트리아 출신의 사문들에게 존경을 받고 시중받게 될 것이다. 만일 왕이 된다 해도 우리 크샤트리아 출신의 동자들에게 존경을 받고 시중받게 될 것이다."

또 왕은 보살을 위해 지극히 단정한 용모를 갖추고 아무런 결점이 없는 유모를 고용하였다. 보살은 헤아릴 수 없이 많은 시종에게 둘러싸여 위대한 길상과 영광을 지니며 성장하셨다.

왕궁에서의 생활과 성장

그런 어느 날, 왕은 '파종제(播種祭)'를 열었다. 그날은 도시를 하늘의 궁전과도 같이 화려하게 꾸몄다. 모든 노예와 종들이 새 옷을 입고 향수와 꽃다발로 몸을 꾸미고 왕가 앞에 모여들었다. 왕의 의식에 대비하여 천 자루의 쟁기가 준비되었다. 그런데 그날은 108자루보다 한 자루가 적은 숫자의 쟁기를 소에게 묶고 은으로 장식하였다. 그리고 왕이 사용할 쟁기는 눈부시도록 화려한 황금으로 장식하였다. 소의 뿔과 그물과 채찍도 황금으로 장식되어 있었다.

왕은 왕자를 데리고 수많은 사람들의 시중을 받으며 나아갔다. 의식을 올릴 장소에는 한 그루의 무성한 잠부나무가 녹음을 드리우고 있었다. 그 아래에 왕자의 침상을 놓고 위에는 황금별을 아로새긴 천개(天蓋)를 설치하고 둘레를 천막으로 두르고 시종을 딸려두었다.

왕은 갖가지 장식품으로 몸을 치장하고 신하를 거느리고 쟁기의식을 행하는 곳으로 갔다. 그리하여 왕은 황금쟁기를 손에 들고 신하들은 108자루보다 한 자루 적은 숫자의 은쟁기를 손에 들었으며 농부들은 나머지 쟁기를 손에 들었다. 그들은 그 쟁기를 들고 여기저기에서 밭을 갈았다. 왕은 이쪽에서 저쪽으로, 저쪽에서 이쪽으로 왔다 갔다 하며 커다란 행복을 느꼈다.

보살을 둘러싸고 앉아 있던 유모들은 "왕의 영광을 뵈오러 가자"라고 말하며 천막에서 나왔다. 보살은 이리저리 둘러보아도 아무도 보이지 않자 급히 일어나 발을 포개고 들이쉬는 숨과 내쉬는 숨을 음미하며 첫 번째 단계의 선정[85]에 들었다.

유모들은 산더미 같은 음식 사이를 왕래하다 보니 왕자에게 돌아오는 것이 조금 늦어 버렸다. 그때 다른 나무 그림자는 움직이고 있었는데 보살이 계신 나무의 그림자는 아주 동그랗게 원을 그리며 정지해 있었다. 유모들이 "아기가 혼자 계시네"라며 급히 천막을 열고 안으로 들어가자 보살은 침상 위에서 발을 포개고 앉아 계셨다.

그같은 불가사의한 모습을 보고 여인들은 왕이 계신 곳으로 달려가 아뢰었다.

"왕이시여! 왕자께서는 이렇게 앉아 계시나이다. 밖의 다른 나무 그림자는 흔들리고 있지만 잠부나무의 그림자는 아주 동그랗게 원을 그리며 고요히 멈추어 있습니다."

왕은 급히 그곳으로 가서 그 불가사의한 모습을 보고 "사랑하는 아들이여! 너에게 다시 한 번 예배케 하는구나”라고 말하며 아들에게 절을 하였다.

그리하여 차츰 자라서 보살은 16세의 나이가 되셨다. 왕은 보살을 위하여 세 계절[86]에 알맞은 세 궁전을 짓도록 명하였다. 하나는 9층 건물이요, 하나는 7층 건물, 그리고 나머지 하나는 5층 건물이었다.

그리고 그곳에는 4만 명의 무희를 두어 보살의 시중을 들게 하였다. 보살은 천인이 한 무리의 요정들에게 에워싸여 있듯이 아름답게 차려입은 무희들에게 에워싸여 있었다. 남자는 하나도 없이, 끊임없이 울려퍼지는 음악을 즐기며 커다란 행복을 느껴가면서 계절에 따라 각각의 궁전에 머무르셨던 것이다. 그리고 후에 라훌라를 낳을 여인이 첫 번째 비(妃)가 되었다.

이리하여 왕자가 커다란 행복을 누리며 지내고 있는 가운데 어느 날, 친척들 간에 다음과 같은 말이 떠돌았다.

“싯닷타는 유희에만 빠져 지내느라 무예는 하나도 익히지 않는다. 전쟁이라도 일어나면 대체 어쩔 셈인가?”

왕은 보살을 불러 이야기하였다.

“왕자여! 친척들은 싯닷타가 어떠한 무술도 배우지 않고 유희에만 빠져 지내고 있다고 이야기하는구나. 어찌하면 좋겠는가?”

왕자는 대답하였다.

“아버님! 저는 무술을 익힐 필요가 없습니다. 저의 무술을 보여드릴 터이니 큰 북을 성 안에 울려 주십시오. 지금부터 일 주일 뒤에 친척들에게 무술을 보여드리겠습니다."

왕은 그와 같이 하였다. 일주일째 되는 날 왕자는 번갯불처럼 잇달아 화살을 쏘기도 하고, 털처럼 가는 것을 머리털 갈라내듯이 쏘기도 하며, 소리를 맞추거나 음성을 맞추기도 하는 등 다른 궁사들은 흉내낼 수가 없는 12가지 무예를 친척들에게 보여주었다.

그리하여 이 왕자에 대하여 친척들은 조금의 우려도 품지 않게 되었다.

보살이 사방 문으로 나가셨을 때의 이야기

그로부터 어느 날, 보살〔왕자〕은 유원지로 나가고 싶은 마음에 마부를 불러 "마차를 준비하라"고 명하셨다. 마부는 대답했다. "분부대로 하겠나이다." 그리고 마부는 아주 값비싸고 훌륭한 마차에 온갖 장식을 하고 흰 연꽃잎의 빛깔을 띤 산두 산(産) 말 네 마리를 매고 나서 보살에게 떠날 준비가 끝났다고 알렸다. 그리하여 보살은 천인의 궁전 같은 마차에 올라 유원을 향하여 나아가셨다.

그런데 천인들은 "싯닷타 태자의 다시없는 깨달음을

얻을 시기가 가까워졌으니 그 계기를 보여드리자"라고
하며 천인 한 사람을 노쇠하고 이가 빠졌으며 머리가
희고 허리가 굽어 몸이 부서져가며 손에 지팡이를 쥐고,
후들후들 떨고 있는 한 사람의 늙은이로 변장시켜 태자
가 지나가는 길목에 있게 하였다. 그 늙은이를 본 태자
는 마부에게 다음과 같이 물어보셨다.

　"보아라. 이 사람은 대체 어떤 사람인가? 이 사람의
머리며 모든 것이 여느 사람과 너무도 다르지 않은가?"

　마부의 대답을 들은 태자는 "아! 태어남에는 반드시
늙음이 따른다는 것은 익히 알고 있던 터이나 그러한
생이란 얼마나 하잘것없는 것인가!" 하고 마음에 동요를
일으켜 곧장 궁전으로 되돌아왔다.

　왕은 "왕자가 어찌하여 곧장 돌아왔는가?" 하고 마부
에게 물었다. 그러자 마부는 "왕이시여! 왕자께서는 늙
은 사람을 보시게 되었습니다. 늙은 사람을 보고 왕자께
서는 출가하실 뜻을 세우시는 듯합니다"라고 대답하였
다.

　왕은 말하였다.

　"어찌하여 그대는 일을 그르치려고 드는가? 곧 왕자
를 위해 무희들을 들이라. 행복감을 맛보고 있자면 출가
하려는 생각도 일어나지 않을 것이다."

　이렇게 말하고 나서 경비병을 늘려 요소요소에 반 요
자나씩 배치시켰다.

그러던 어느 날, 태자는 유원에 가려고 나섰다가 천인들이 꾸민 병들어 떨고 있는 사람을 보고 전과 마찬가지로 마부에게 묻고는 마음에 동요를 일으켜 궁전으로 되돌아왔다. 왕은 또 마부의 대답을 듣고 앞에서 말했던 것과 똑같이 명령하여 더욱 경비병을 증가시켜 3가우터 범위의 장소에 경비병을 골고루 배치토록 하였다.

또 어느 날 태자는 유원에 가고자 하였다. 이 때 천인들은 죽은 사람을 태자가 보도록 하였다. 그러자 앞에서와 똑같이 마부에게 물어보고 다시 궁전으로 곧장 되돌아왔다. 왕은 또 마부의 대답을 듣고 앞에서와 똑같이 명령하고 경비병을 더욱 늘려 1요자나 범위의 장소에 경비병을 고루 배치토록 하였다.

또 어느 날, 유원에 노닐고자 할 때 태자는 역시 천인들이 만들어 놓은, 단정한 차림의 출가인을 보시었다. 그러자 보살은 "보아라! 이 사람은 어떤 사람인가?" 하고 마부에게 물었다. 그러나 그 당시에는 아직 어떠한 부처님의 출현도 없었기 때문에 마부는 출가인이나 출가의 공덕을 알지 못했다. 다만 하늘의 위엄에 의해 "왕자시여! 이것은 출가라고 하는 것입니다"라고 말하며 출가의 공덕을 찬양하였다. 그로 인해 태자에게는 출가하고픈 마음이 일어났다. 그리고 그날에는 유원에 나가시었다.

보살은 유원에서 종일 노니시고 아름다운 연못에서 목욕하시었다. 그리고 해가 진 후 보살은 몸을 장엄하고

자 훌륭한 석반(石盤) 위에 앉으셨다. 그러자 보살의 시종들은 갖가지 빛깔의 옷이며 온갖 종류의 장신구들, 그리고 꽃다발과 몸에 바르는 향료 등을 가지고 그 주위에 둘러 서 있었다.

그 순간 천상에서는 제석천왕이 앉아 있던 자리가 갑자기 달아올랐다. 그는 "대체 누가 나를 이곳에서 떨어뜨리려 하는가?" 하고 곰곰히 생각하였다. 그러자 지금막 보살이 장엄하고 있는 때임을 알아차리고 빗사캄마 천자를 불렀다.

"보아라, 빗사캄마여! 싯닷타 태자가 오늘 밤 늦은 시각에 위대한 출가를 결행하실 것이다. 이 장엄은 이분의 마지막 장엄이다. 유원으로 가서 이 위대한 분을 뵙고 하늘의 오색 장신구로 그분을 장엄해 드려라."

그는 "분부대로 거행하겠나이다"라고 답하고 하늘의 위력으로 순식간에 보살에게 갔다. 그리하여 그는 태자의 이발사와 같은 모습으로 변하여 터반을 받아들고 보살의 머리에 감았다.

그때 보살은 그 이발사의 손이 닿자 '이 자는 인간이 아니라 어느 천자이다'라고 알아채셨다. 단지 터반을 감는 것만으로도 머리의 상투에 마니보석의 왕관 모습을 띤 헝겊이 천 자락이나 솟아올랐다. 계속해서 터반을 감자 천 자락이 솟아올랐으므로 열 번 감으니 1만 자락의 헝겊이 솟아오른 것이다.

그런데 태자의 머리는 작은데 어떻게 이렇게도 많은 형겊이 솟아오를 수 있을까 하고 생각해서는 안 된다. 그것은 그 가운데 가장 큰 형겊은 사마라타라고 하는 꽃의 크기이며 그 외의 것은 모두 쿠츰바카라고 하는 꽃의 크기였던 것이다. 그러기 때문에 보살의 머리는 흡사 연꽃의 꽃술을 그물처럼 넓힌 것과 같은 쿠이야카꽃처럼 되었다.

그리고 온갖 장엄으로 몸을 꾸민 이 보살을 향해 여러 악사들은 각기 재량껏 악기를 연주하였고, 바라문들은 '만세' '기뻐하십시오' 등의 말로써 서로 찬양하였으며 또 마가다국과 안둘라국에서 온 음유시인들은 갖가지 경사스러운 말이며 찬탄의 소리를 연발하였던 것이다. 이러한 가운데 보살은 온갖 장식으로 치장한 아주 훌륭한 마차에 오르셨다.

출가의 뜻을 굳히다

그때 숫도다나 대왕은 "태자비[라훌라의 어머니]께서 왕자를 낳으시게 되었습니다"라는 보고를 듣고 "나의 아들에게 이 경사스러운 소식을 전하라"라고 말하며 보살에게 사자를 보내었다. 보살은 그 소식을 전해 듣자 "라훌라[장애]가 생겼구나. 나를 속박할 이가 태어났구나”라고 말씀하셨다.

왕은 그 사자에게 “태자는 무어라 말하던가?”라고 물었다. 그리고 보살이 말씀하신 내용을 사자로부터 전해 듣고 나서 왕은 “지금부터 나의 손자를 라훌라 왕자라 이름하겠다”라고 말하였다.

한편 보살은 화려한 마차에 올라 수많은 시종과 함께 넋을 잃을 정도의 화려함과 엄숙함을 갖추고 성으로 돌아왔다. 마침 그때 키사고타미라 이름하는 크샤트리아 여인이 화려한 궁전 위에 올라 있었다. 그녀는 보살의 빼어난 용모를 보자 기쁘고 즐거운 나머지 이런 노래를 불렀다.

저분의 어머니는 얼마나 행복하실까,
저분의 아버지는 얼마나 행복하실까,
저분의 아내는 얼마나 행복하실까,
저와 같은 분을 남편으로 삼았으니.

보살은 이 노래를 듣고 생각하셨다.

‘이 사람은 저와 같은 말을 하였다. 이렇듯 사람을 이해한다면 어머니의 마음은 고요해지며 아버지의 마음도, 아내의 마음도 고요해질 것이다. 그런데 무엇이 멸할 때 마음이 고요해진다고 할까?’

그러자 보살은 번뇌를 완전히 떠나셨으므로 이렇게

생각하셨다.

'탐욕의 불이 꺼졌을 때 적정(寂靜)이라 하며 성냄의 불과 어리석음의 불이 꺼졌을 때를 적정이라 한다. 또한 거만한 마음이나 삿된 생각 등의 갖은 번뇌의 괴로움이 꺼졌을 때 적정이라 말하는 것이다. 이 여인은 내게 좋은 것을 들려주었다. 나는 열반(涅槃)을 구하여야 한다. 오늘 나는 집안에서의 생활을 버리고 집을 떠나 출가하여 열반을 구해야만 한다. 이것을 이 여인이 나의 스승이었다는 데에 대한 선물로 삼자.'

이리하여 보살은 그의 머리에서 10만 가나카도 더한 진주머리장식을 떼어내어 키사고타미에게 선사하였다. 그러자 그녀는 '싯닷타 태자는 내게 사모의 마음을 품어 선물을 주셨다'라고 생각하며 기쁜 마음을 일으켰다.

또한 보살은 위대한 존엄과 화려함으로 자신의 궁전에 올라 아름다운 침상에 누으셨다. 그러자 곧 갖가지 장식으로 몸을 꾸민, 천녀와도 같이 아름다운 여인들이 여러 가지 악기를 가지고 와서 보살을 즐겁게 하려고 춤과 노래와 연주를 시작했다. 그렇지만 보살은 번뇌를 떠난 마음을 지니고 계셨기 때문에 춤 따위에는 즐거워하지 않고 잠시 잠에 드셨다.

그 여인들도 "우리는 저분을 위해 춤과 노래를 시작했지만 저분은 잠들고 말았다. 우리가 누굴 위해 이렇게 애를 쓰고 있는지 모르겠구나"라고 말하며 각자가 가지고 있던 악기를 저만치 던져놓고 모두들 잠들어 버렸다. 방안에는 향그러운 등잔만이 고요히 타오르고 있었다.

그러는 동안에 보살은 눈을 뜨고 일어나 침상 위에 발을 포개고 앉으셨다. 주위를 둘러보자 조금 전의 여인들이 악기를 여기저기 내던지고 잠자고 있었다. 어떤 사람은 침을 흘려서 온몸을 적시고 또 어떤 사람은 이를 갈며 자고 있었다. 어떤 사람은 코를 골았고 또 어떤 사람은 잠꼬대를 하였다. 어떤 사람은 입을 벌리고 잠들었으며 어떤 사람은 옷을 풀어헤쳐 음부를 드러내놓고 있었다.

보살은 어처구니없이 돌변한 여인들의 모습을 보고 점점 욕망의 생활을 버리려는 마음이 일어났다. 화려하게 꾸민 제석천의 궁전에도 지지 않을 정도로 넓은 방이 보살에게는 마치 꼬챙이에 찔려 죽은 시체로 들어찬 묘지같아 보였다. 그리고 세 가지 어리석음의 세계[87]는 마치 온통 불타오르고 있는 집같이 여겨졌다. 그리하여 보살은 "이 얼마나 비참한 일인가, 얼마나 끔찍한 일인가!"라는 감흥의 게송을 무의식중에 읊으며 오로지 출가를 향한 마음만 일어났다.

위대한 출성(出城)

보살은 '오늘이야말로 위대한 출가를 하지 않으면 안되리라'고 결심하고 침상에서 일어나셨다. 그리고 보살은 출입구까지 가시어 "그곳에 누구 있는가?" 하고 부르셨다. 그러자 문지방에 머리를 베고 누워 있던 챤나가 "주인이시여! 저는 챤나이옵니다"라고 말했다. 보살은 챤나에게 명하시었다.

"지금 나는 위대한 출가를 하려 한다. 내게 말 한 필을 준비해 다오."

챤나는 "분부대로 행하겠나이다. 주인이시여!"라고 말하고 마구를 가지고 마굿간으로 갔다. 마굿간에는 향기로운 등잔불이 타올랐으며 쟈스민 모양의 헝겊으로 만든 차양 아래의 아름다운 바닥에는 칸타카라는 으뜸가는 말[馬王]이 서 있었다. 챤나는 이 말을 보고 '반드시 이 말을 준비해야만 하리라'고 생각하고 칸타카에게 마구를 씌웠다.

칸타카는 챤나가 마구를 정돈하자 그 뜻을 눈치챘다.

"이 안장은 매우 딱딱하구나. 여느 때 유원에 놀러갈 때의 안장과는 다르다. 그렇구나. 나의 주인께서는 바로 지금 위대한 출가를 하시려는 뜻이로구나."

그리하여 칸타카는 대단히 흡족하여 큰소리로 울었

다. 그 칸타카의 소리는 성 전체에 널리 퍼져나가려 하
였다. 그러나 천인들은 그 소리를 아무도 듣지 못하게
덮어 버렸다.

한편 보살은 챤나를 내보낸 후에 '그렇다. 아들을 한
번 보고 싶구나'라고 생각하시고 자리에서 일어나 라훌
라의 어머니 방으로 가서 내실의 문을 여셨다. 내실에는
향이 좋은 등잔불이 홀로 타오르고 있었다.

라훌라의 어머니는 쟈스민과 말리카꽃을 가득 흩뿌려
놓은 침대 위에서 아들의 머리에 손을 올려놓은 채 잠
들어 있었다. 보살은 문지방 위에 발을 올리고 선 채로
두 사람의 자는 모습을 바라보며 생각하셨다.

'만약 내가 비(妃)의 손을 치우고 내 아들을 안게 된
다면 비는 눈을 뜰 것임에 틀림없다. 그렇게 되면 이로
인해 내 앞길에 삿된 마(魔)가 낄 것이 틀림없다. 내가
부처가 되어 돌아와서 만나기로 해야겠구나.'

보살은 이렇게 생각하고 궁전에서 내려왔다.

이리하여 보살은 궁전 아래로 내려와 말이 있는 곳으
로 가서 말씀하셨다.

"자, 칸타카여! 너는 오늘 밤 나를 데려가라. 그러면
네 덕택으로 나는 부처가 되어 천인을 포함한 세상 사
람들을 구제하게 되리라."

그리고는 칸타카의 등 위로 뛰어오르셨다.

칸타카는 머리에서 꼬리까지의 길이가 18핵타이며 높

이도 그것에 적당하며 힘과 속력을 갖추었고 온몸이 눈부시게 흰색이어서 깨끗이 씻은 조개와 같았다. 그리고 만약 이 말이 소리 높여 울거나 말발굽소리를 내게 되면 그 소리가 성 전체에 울려퍼지게 되므로 천인들은 자신들의 위력으로 그 소리가 아무에게도 들리지 않도록 말울음 소리를 잠재웠고 또 말이 발굽을 땅에 댈 때마다 손바닥을 그 아래에 놓아 소리가 나지 않도록 하였다.

보살은 준마의 아름다운 등에 올라타시고 찬나에게 말꼬리를 붙잡게 한 후 한밤중에 성문까지 닿으셨다.

그러나 왕은 두 문짝 가운데 하나를 여는 데에도 무려 천 명의 힘이 필요한 커다란 문을 만들어 놓고 "이렇게 만들어 놓으면 보살이 성문을 열고 나갈 수 없겠지!"라며 안심했다.

그러나 보살은 엄청난 힘을 갖추고 있었다. 그 힘을 코끼리로 계산한다면 백억 마리 코끼리와 맞먹는 힘을 가졌고 또 사람으로 계산한다면 천억 명의 힘을 갖고 계셨다. 그러나 보살은 생각하셨다.

'만일 문이 열리지 않는다면 나는 이제 칸타카의 등 위에 앉은 채로, 꼬리를 붙잡고 있는 찬나와 함께 18핵타 높이의 성벽을 날아오르고야 말겠다.'

찬나는 생각했다.

'만일 문이 열리지 않는다면 나는 왕자를 어깨에 태

우고 칸타카의 배를 오른팔로 안아 겨드랑이에 끼고 훌쩍 성벽을 넘어가리라.'

또한 칸타카도 생각하였다.

'만약 문이 열리지 않는다면 나는 내 주인을 등에 앉힌 채로, 꼬리를 잡고 있는 챤나와 함께 날아올라 성벽을 넘어가리라.'

만약 이대로 문이 열리지 않았다면 이들 가운데 누구든 그 생각대로 이루어졌을 것이다. 그러나 그 문에 살고 있는 천인이 문을 열었던 것이다.

그런데 마침 그 순간 마왕이 '보살을 돌아오게 해야겠다' 생각하고 공중에 서서 말하였다.

"젊은이여! 나가서는 안 되오. 그대에게는 지금부터 7일째 되는 날에 윤보(輪寶)가 나타날 것이오. 그리되면 그대는 2천 군도에 둘러싸인 4대륙의 왕이 될 것이오. 젊은이여! 돌아가시오."

"그대는 누구인가!" 하고 보살이 물었다.

"나는 악마 중에서도 가장 힘있는 자요"라고 마왕은 대답했다.

그러자 보살은 마왕에게 말했다.

"마왕이여! 내가 지금 떠나지 않는다면 내게 윤보가 나타나리라는 것을 알고 있다. 그러나 나는 왕위 같은 것으로 만족하고 싶지 않다. 나는 1만 큰 세계를 울리는 부처가 될 것이다."

그러자 마왕은 "그렇다면 지금부터 나는 그대가 탐욕의 마음, 성내는 마음, 그리고 해치려는 마음을 품을 때 그것을 빠짐없이 찾아내고야 말리라"라고 말하며 보살의 허물을 찾기 위해 그림자와 같이 보살을 따라다니기로 하였다.

그렇지만 보살은 스스로 손에 들어오게 될 전륜왕의 자리를 가래침 뱉듯 버리고 위대한 존엄을 갖추어 성을 나와 길을 떠나셨다. 그리하여 아살라달(7월) 보름날, 그 만월이 막 웃탈라살라 성좌 위에 있을 때 출발하셨던 것이다.

그런데 보살은 한 번만 더 성을 뒤돌아보고 싶은 마음이 일어났다. 그러자 "위대한 님이시여! 당신은 뒤돌아보셔서는 안 됩니다"라고 말하듯이, 도공이 사용하는 녹로(轆轤)처럼 대지가 갈라지더니 회전무대처럼 그 부분이 빙글빙글 회전하였다.

보살은 성을 향하여 서서 물끄러미 바라보셨다. 그리고 그 땅에 칸타카가 뒤돌아본 기념비를 세우도록 하고, 지금부터 가야 할 길의 방향으로 칸타카를 몰아 위대한 존엄과 찬란한 영광으로 길을 떠나셨다.

전하는 바로는, 그때 천인들은 보살을 위해 앞에서 6만 개의 횃불을 들고, 뒤에서 6만 개, 오른편에서 6만 개, 왼편에서 6만 개의 횃불을 밝혀드렸다. 또 다른 천인들은 이 큰 세계 주변에까지 무수한 횃불을 높이 들었

으며 또 그 외의 천인들과 용과 금시조들은 하늘의 향
과 꽃다발과 가루향과 훈향을 보살에게 공양올리면서
함께 길을 걸었다.

그리고 마치 두터운 비구름이 몰려와 억수같이 비를
내리퍼붓듯이 팔릿챠타카꽃이 넓고 큰 하늘 가득히 쏟
아졌다. 뿐만 아니라 하늘의 노래소리가 울려퍼졌으며
여덟 가지의 악기, 60가지의 악기, 6백8십만 가지의 악기
가 온갖 곳에서 연주되었다. 그 울림은 흡사 폭풍 전야
의 바다가 울리는 듯했고 또한 유간다라산 속에서 바다
가 소리낼 때와도 같았다.

출가의 길

이리하여 보살은 단 하룻밤에 세 왕국을 지나 30요자
나 거리에 있는 아노마 강가에 도착하셨다. 그런데 이
말은 그보다 더 먼 곳으로 갈 수 없었을까? 아니, 갈 수
없었던 것은 아니었다. 다시 말하면 이 말은, 바퀴통으로
고정한 수레의 바깥 바퀴가 가장자리를 밟아나가듯이 1
만 큰 세계의 내부를 끝에서 끝까지 돌아가더라도 아침
식사 전에는 돌아와서 자신을 위해 준비된 음식을 먹을
수가 있었다.

그런데 그때, 천인과 용, 금시조들이 공중에서 흩뿌린

향료와 꽃다발들이 말의 정강이까지 덮어 버려 그 말은 자기 몸을 질질 끌기도 하고 향료나 꽃다발이 엉킨 것을 잡아뜯기도 하였기 때문에 매우 늦어졌다. 그 때문에 이 말은 30요자나 거리밖에 갈 수 없었던 것이다.

한편 보살은 강 언덕에 서서 챤나에게 "이 강의 이름이 무엇인가?"라고 물었다. 챤나는 "아노마라 이릅니다"라고 답하였다. 보살은 이 아노마라는 이름의 뜻을 생각하시고 나서 "나의 출가도 아노마〔最勝〕가 되리로다"라고 말씀하시며 뒤꿈치로 말의 배를 쳐서 출발의 뜻을 알리셨다. 말은 높이 뛰어올라 8우사파[88] 폭의 맞은편 언덕에 올랐다.

보살은 말잔등에서 내려 은모피를 고루 깐 듯한 강가 모래밭에 서서 챤나에게 이르셨다.

"챤나여! 나의 말을 들으라. 그대는 나의 장신구를 가지고 칸타카를 데리고 돌아가라. 나는 출가할 결심이 섰다."

챤나는 "주인이시여! 저도 당신과 함께 출가하고자 하나이다"라고 말하였다. 그러자 보살은 "그대는 출가할 수 없다. 어서 가거라!"라고 세 번을 거절하시고 장신구와 칸타카를 넘겨주셨다.

그때 보살은 '그런데 지금 내 머리카락은 사문에게 어울리지가 않구나'라고 곰곰이 생각하셨다. 하지만 그곳에는 보살의 머리카락을 자를 만한 적당한 것이 아무

것도 없었다. 그래서 "내 칼로 잘라야겠구나" 하시며 오른손으로 칼을 쥐고 왼손으로 상투와 머리를 움켜잡고 그것을 잘랐다. 보살의 머리카락은 손가락 두 개 정도의 굵기이며 오른쪽 방향으로 감겨 있었다. 그 머리카락의 길이는 보살이 목숨을 마칠 때까지 기를 경우의 길이였다. 그리고 수염 또한 그에 어울리는 길이였다. 더구나 뒷머리와 수염은 자를 필요가 전혀 없었다.

보살은 상투와 함께 땋은 머리를 움켜쥐고 "만약 내가 부처가 된다면 공중에 머무를 것이요, 그렇지 않다면 땅에 떨어지리라"라고 말하며 하늘로 던졌다. 그러자 보석터반으로 감싸여 있던 상투는 1요자나 높이에까지 올라가 공중에 멈추었다. 그때 제석천왕은 천안으로 이것을 보고 1요자나 크기의 보석상자로 그것을 받아서 삼십삼천에 상투보석영사(靈祠)라는 것을 세웠다.

또 보살은 생각하였다.

'카쉬 산의 이 옷은 사문인 내게는 어울리지 않는구나.'

그러자 보살이 캇사파 부처였을 때의 오랜 친구였던 가티칼라 대범천이, 부처와 부처 사이의 한 기간[과거불에서 현재불까지의 기간]에도 허물어지는 일이 없는 우정으로 생각하였다.

'이제 나의 벗은 위대한 출가를 하고자 한다. 나는 이분을 위해 사문에게 필요한 물건들을 가져가리라.'

이리하여 가티칼라는 세 가지 옷과 발우, 면도칼과 바늘과 허리띠와 물통 등 여덟 가지 물건을 가지고 와서 보살에게 바쳤다. 보살은 이것을 몸에 걸치고 위없는 출가의 차림새를 갖추었다. 그후 보살은 챤나에게 "챤나여! 나의 부모들에게 내 이야기를 말씀드려서 내가 무사하다고 여쭈어다오"라고 말하고 떠나갔다. 챤나는 보살을 예배하고 오른쪽으로 돌아 경의를 표한 뒤 물러갔다.

한편, 칸타카는 챤나와 이야기를 나누고 있는 보살의 말을 들으며 조용히 서 있다가 '두 번 다시 주인을 뵈올 수 없다는 말이구나'라고 생각하면서 챤나를 따라갔다. 그리고 보살이 시야에서 사라지자 칸타카는 슬픔을 가누지 못하여 심장이 터져 그만 숨을 거두고 말았다. 그는 그후 칸타카라고 하는 천자가 되어 삼십삼천에 태어났다.

처음에는 보살과의 이별 때문에, 거기에다 칸타카의 죽음이 겹쳐 챤나는 그만 이중의 슬픔에 짓눌리어 탄식하면서 성으로 돌아왔다.

한편 보살은 출가한 이래 같은 지방의 아누피아라고 하는 망고숲에서 7일 동안 출가의 기쁨에 젖어 지내었다. 그로부터 하루에 30요자나 거리를 걸어 라쟈가하(왕사성)에 들어오셨다.

성에 들어서자 보살은 집집마다 차례로 탁발을 하며 돌았다. 성 안에서는 온통 보살의 모습을 보고자 하여,

마치 다나팔라나라는 미친 코끼리가 라쟈가하에 들어왔을 때처럼, 또 아수라[89] 왕이 천궁에 싸움을 걸어왔을 때처럼 큰 혼란이 일어났다. 이 광경을 본 왕의 신하는 왕이 계신 곳으로 가서 보고하였다.

"왕이시여! 이러이러한 자가 성에서 탁발하며 돌아다니고 있습니다. 그 자는 대관절 천인인지, 인간인지, 용인지, 금시조인지, 무얼하는 자인지 전혀 알 수가 없나이다."

보고를 들은 왕은 누각에 올라 탁발하고 있는 보살을 보았다. 보살을 보는 순간 참으로 불가사의하고 경탄하는 마음이 일어나 신하들에게 명했다.

"가서 자세히 알아보아라. 만약 도깨비라면 성에서 나가 사라질 것이다. 만약 천인이라면 하늘을 날아다닐 것이요, 만약 용이라면 대지로 기어들어갈 것이다. 만일 인간이라면 탁발로 얻은 음식물을 그대로 먹을 것이니라."

그런데 보살은 뒤섞인 음식을 바라보며 "내가 목숨을 지탱하기에는 이것만으로도 충분하다"라고 하시며 도시를 떠나셨다. 그리고 판다바 산 그림자에서 동쪽을 향하여 앉아 공양하기 시작하셨다.

그러자 보살의 장(腸)이 뒤틀리며 음식물이 입 밖으로 쏟아져 나오려 하였다. 지금까지 보살은 살아오면서 이런 음식물을 먹어본 적이 없었기 때문에 이토록 혐오스러운 음식을 먹는 데에 고통을 겪으시는 것이었다. 그러자 보살은 다음과 같이 스스로를 부끄러이 여기셨다.

"싯닷타여! 그대는 손쉽게 음식을 얻을 수 있는 집안에서 3모작의 향긋한 쌀밥과 온갖 으뜸가는 맛을 갖춘 반찬을 먹는 곳에 태어났으면서도 누더기 옷을 걸친 어떤 사람을 보고 '대체 언제 나는 저런 모습으로 탁발하여 먹을 수 있을까, 또 내게는 과연 저런 때가 오기나 할까?'라고 생각하고 출가했던 것이다. 그런데 지금 이 모습은 어찌 된 일인가!"

이리하여 스스로를 꾸짖으며 고요히 담담하게 마음을 가다듬고 모두 먹어 버렸다. 신하들은 그 일을 왕에게 돌아가 보고하였다. 왕은 사자의 말을 듣자 속히 성을 나와 보살이 있는 곳으로 갔다. 왕은 위엄이 가득 찬 보살의 모습에 마음이 흡족해져서 보살에게 일체의 권한을 넘기고자 말하였다. 그러자 보살은 답했다.

"대왕이시여! 내게는 물욕(物欲)이라든가 번뇌욕에 대한 미련이 이미 없습니다. 나는 위없는 깨달음을 구하고자 출가하였기 때문입니다."

왕은 갖가지 수단으로 자신의 뜻을 관철시키려 했으나 그 마음을 돌이킬 수가 없었다. 왕은 마침내 깨끗이 단념하고 말하였다.

"당신은 틀림없이 부처가 되실 것입니다. 그리고 당신이 부처가 되신다면 제일 먼저 저의 나라에 임하여 주십시오."

그다지 오래지 않은 인연 이야기

한편 보살은 왕에게 다시 한 번 올 것을 약속하고 차츰차츰 유행하여 나아갔다. 그 뒤 알라라칼라마와 웃다카라마풋타에게 사사받고 선정을 얻었다. 그러나 "이것은 깨달음의 길이 아니다"라고 알아 그 선정에 만족할 수 없었다. 그래서 보살은 천인을 포함한 이 세계에서 스스로의 힘과 정진을 나타내기 위하여 위대한 정진에 힘쓰고자 결심하고 우루벨라로 가시었다. 그리고 "이 지방은 참으로 적절한 곳이로구나"라고 하시며 그곳에 머물기로 결정하고 위대한 정진에 주력하셨다.

또한 앞서 콘단냐를 우두머리로 하는 다섯 장로들은 마을과 거리, 그리고 성 안을 탁발하기 위해 유행하면서 그곳에서 보살과 만나게 되었다. 그때 그들은 이후 6년간, '엄청난 정진에 힘쓰시는 보살이 곧 깨달음을 이루어 부처가 될 것이다'라고 생각하며 승방(僧房)을 치우는등 모든 봉사를 하고 보살을 받들면서 그분의 가장 가까운 사람이 된 것이다.

고행을 버림

그런데 보살은 '가장 맹렬한 고행을 해야겠다'라고 생각하고 한 톨의 참깨와 한 알의 쌀로만 지낸다거나 또는 전혀 음식을 먹지 않고 지내기도 하였다. 뿐만 아

니라 천인들이 털구멍으로 영양분을 흘려 넣으려는 것
마저도 거절하였다. 그와 같은 단식 때문에 보살의 몸은
극도로 피로해져 황금으로 빛나던 몸은 검게 되고 위대
한 사람의 32상도 가려져 버렸다. 또 때로는 호흡을 멈
추는 선정을 수행한 까닭에 대단히 커다란 고통을 겪으
시다가 마침내 의식을 잃고 수행처 부근에 쓰러지고 말
았다.

그러자 천인들 중에는 "사문 고타마가 숨을 거두었
다"라고 말하는 자도 있고, 혹은 다른 천인들 가운데에
서 "이것이 바로 아라한 상태인 것이다"라고 말하는 자
도 있었다. 그 중에서 "숨을 거두었다"라고 말한 자들은
숫도다나 대왕에게 가서 "당신의 왕자께서 숨을 거두었
소"라고 알렸다.

왕은 "내 아들이 부처가 되어서 숨을 거둔 것인가, 그
렇지 않으면 부처가 되지 못하고 숨을 거두었는가?"라
고 물었다. 천인들은 "부처가 되지 못하였소. 정진하던
그 땅에 쓰러져 숨을 거두었소"라고 답하였다. 이 소식
을 들은 왕은 "나는 믿을 수 없다. 내 아들이 깨달음을
얻기도 전에 죽을 리 없다"라며 매몰차게 대꾸하였다.

그렇다면 왕은 어찌하여 이 천인의 말을 믿지 않은
것일까? 그 까닭은 왕이 그 이전에 칼라데바알라 행자
를 예배케 했을 때의 일과 잠부나무 아래에서 일어났던
상서로운 일들을 목격했기 때문이다.

그다지 오래지 않은 인연 이야기

그런데 보살이 의식을 되찾고 자리에서 일어서자 그 천인들은 "대왕이시여! 예상하신 대로 왕자께서는 기운을 되찾으시었소"라고 보고하였다. 그러자 왕은 "아들이 죽을 리 없음을 나는 알고 있었소"라고 답하였다.

이리하여 보살이 6년 간이나 고행을 하셨음에도 불구하고 고행은 마치 허공에 매듭을 묶으려 할 때처럼 의미없게 되고 말았다. 그는 "이 고행이라는 것은 깨달음을 향한 길이 아니다"라고 아시고 보통 사람들이 먹는 음식을 섭취하기 위해 마을과 거리로 탁발하러 다니며 공양을 하셨다. 그러자 보살에게 위대한 사람의 32상이 본래대로 다시 나타나고 몸은 황금색으로 되돌아왔다.

그것을 본 다섯 비구들은 생각했다.

'이 사람은 6년 고행을 했어도 일체지를 얻지 못했으며 게다가 지금 마을로 탁발하러 다니면서 보통 사람들과 다름없는 음식을 먹고 있으니 이같은 자가 어떻게 일체지를 얻을 수가 있겠는가! 이 사람은 사치스럽게도 노력하기를 저버리고 말았다. 마치 머리를 감으려는 자가 이슬방울을 기다리고 있듯이 우리가 이 사람에게서 남다른 기대를 품는다는 것은 무리일 것이다. 대체 이 사람에게서 무엇을 기대할 수 있단 말인가.'

이렇게 생각하고 나서 그들은 보살을 돌보지 않고 각자의 의발을 지니고 18요자나 거리를 걸어 이쉬파타나[90)에 들어갔다.

수쟈타의 우유죽 공양

또한 그 무렵, 우루벨라에 있는 세나니 마을에 세나니 지주의 집에 살고 있던 수쟈타라는 여인이 있었다. 그녀는 한 그루 니그로다나무 아래에서 다음과 같은 원을 세웠다.

"만일 제가 같은 태생의 양가에 시집을 가서 사내아이를 갖게 된다면 매년 새롭게 10만 금의 보시로써 공물을 바치겠나이다."

그녀의 이 기도는 이루어졌다. 그런데 보살이 고행을 하여 6년째에 달했을 때, 그녀는 비사카월(月)의 보름날에 공희(供犧)를 하고자, 먼저 천 마리 암소를 감초가 돋아난 동산에 풀었다. 그리고 그 암소의 젖을 5백 마리 암소에게 먹이고 그 젖을 다시 2백5십 마리 암소에게 먹이는 등 이리하여 16마리 암소의 젖을 8마리 암소가 먹기에 이를 때까지 그 젖은 진하고 달콤하며 영양이 풍부하도록 만드는 이른바 '우유의 전화(轉化)'를 하였다.

비사카월의 보름날 이른 아침에 그녀는 "공희를 바쳐야겠다"고 말하며 어스름한 새벽에 일어나 8마리의 암소의 젖을 짜게 했다. 송아지가 어미소 젖 밑에 가지 않았는데도 젖 아래 깨끗한 그릇을 가져다 두기만 하면 저절로 우유가 뿜어져 나왔다.

이 불가사의한 광경을 보고 수쟈타는 자기의 손으로 우유를 가져다 깨끗한 그릇에 담고, 직접 불을 피워 그것을 끓이기 시작했다. 그 우유죽은 끓기 시작하자 수많은 거품이 피어올라 오른쪽으로 돌았지만 한 방울도 밖으로 흐르지 않았다. 그리고 그 화덕으로부터는 연기가 조금도 솟아오르지 않았다.

그때, 4인의 세계수호천(4대왕천)이 모여와서 화덕을 지켰다. 또한 대범천은 우산을 펴들고, 제석천은 땔감을 가져와 불을 지폈다. 천인들은 2만 군도로 둘러싸여진 4대륙에 살고 있는 모든 하늘과 인간에게 필요한 영양분을 스스로의 신통력으로 마치 작은 막대기 끝에 매달린 벌집을 짜서 벌꿀을 모으듯이 모아 그 죽에 집어넣었다. 다른 때에는 천인들은 이 영양분을 한 방울씩 넣었지만 특히 부처님이 깨달음을 여시는 날과 완전히 열반에 드시는 날에는 남비의 것을 전부 집어넣는 것이었다.

수쟈타는 하루만에 스스로도 감당하지 못할 갖가지 기적 같은 현상을 보고 푼나라고 하는 하인에게 일러 말하였다.

"푼나여! 나의 천인께서는 지금 매우 기뻐하고 계신다. 나는 지금까지 이만큼 불가사의한 일을 본 적이 없다. 너는 급히 달려가서 천인이 계신 곳을 잘 보고 오너라."

그러자 하인은 "분부대로 행하겠나이다"라고 말하며

수쟈타의 말을 따라 급히 나무 아래로 갔다.

한편 보살은 전날 밤, 다섯 가지 위대한 꿈[91]을 꾸고 그 꿈의 의미를 되새기고 있었다. 그 결과 보살은 "오늘 나는 틀림없이 깨달음을 이룰 것이다"라고 결론을 내렸다. 그날 새벽이 훤히 밝아오려 할 때 보살은 채비를 갖추고 걸식할 시간을 기다리고자 이른 아침에 때맞춰 그곳에 오셨다. 그리고 보살은 그 나무 아래에 앉으시어 자신의 빛으로 나무 전체를 환히 비추시었다.

그때 푼나가 그곳으로 와서 보살이 나무 아래에서 동쪽 세계를 바라보며 앉아계신 모습을 보았다. 그리고 보살의 몸에서 나오고 있는 빛으로 나무 전체가 황금색으로 빛나고 있음을 보고 생각하였다.

'오늘 우리 천인[보살]께서는 나무 아래에 오시어 직접 공양을 받으시려고 앉아 계시는구나.'

그러자 푼나는 온통 기쁨에 들떠서 급히 왔던 길을 되돌아가 수쟈타에게 이 일을 보고하였다. 수쟈타는 이 이야기를 듣고 크게 기뻐하며 "지금 이 순간부터 나의 맏딸이 되거라"고 말하면서 아름다운 장신구를 모두 주었다.

그런데 깨달음에 도달하는 날에는 10만 금의 가치가 있는 황금발우가 없어서는 안 되기 때문에 수쟈타는 '황금발우에 우유죽을 부어야겠다'는 생각을 일으켰다. 그리하여 그녀는 10만 금의 가치가 있는 황금발우를 가

지고 오도록 하여 그 속에 끓이던 그릇을 기울여 우유
죽을 부었다. 우유죽은 마치 연꽃잎에서 물방울이 떨어
지듯이 조금도 남김없이 발우 속으로 흘러들어가 채워
졌다.

수쟈타는 그 발우에 다른 황금발우를 뚜껑삼아 덮고
보자기로 쌌다. 그리고 그녀는 자신의 몸을 아름답게 치
장하고 그 발우를 머리에 이고 위엄을 갖추어 니그로다
나무 아래로 갔다. 그곳에서 보살의 모습을 본 그녀는
커다란 환희가 솟아나 그를 틀림없는 천인이라고 생각
하였다. 그리하여 그 보살을 한눈에 알아보자마자 곧 몸
을 굽히고 다가가 머리에서 광주리를 내렸다. 그것을 열
어 향긋한 향기가 풍기는 황금물병을 가지고 보살이 있
는 곳으로 가까이 가서 섰다.

그러자 이전에 가티칼라 대범천이 바친 흙발우는 지
금까지 보살을 떠난 적이 없었으나 그 순간에는 갑자기
사라져 보이지 않았다. 보살은 흙발우가 보이지 않자 오
른손을 내밀어 물을 받았다. 수쟈타는 발우에 담은 우유
죽을 물과 함께 보살의 손에 올려놓았다. 그러자 보살은
수쟈타를 바라보았다.

그녀는 보살의 그 모습을 자세히 바라보더니 "성자이
시여! 제가 당신께 올리는 것을 받으시고 뜻대로 행하소
서"라고 말하며 예배하였다. 그리고 "제 소원이 이루어
졌듯이 당신의 소원도 이루어지소서" 하며 10만 금의 가

치가 있는 황금발우를 두고 미련없이 떠나갔다.

한편 보살은 앉아 있던 곳에서 일어나 나무를 오른쪽으로 돈 뒤, 발우를 가지고 네란자라 강가로 갔다. 그곳에는 수천수백만 명의 보살들이 수승한 깨달음을 얻으시는 날에 내려와 목욕하는 장소인 숫파팃티타 나루터라는 곳이 있다. 보살도 그곳에 발우를 놓고 강에 들어가 목욕을 하시었다. 그리고 무수한 부처님들이 입어오셨던 아라한의 표식이 되는 법의를 입으시고 동쪽을 향하여 앉으셨다.

그리하여 보살은 그 우유죽을 씨앗이 하나 든 잘 익은 타라 열매 크기의 49개의 환으로 만들어 물기가 거의 없는 달콤한 우유죽을 전부 잡수셨다. 그것은 장차 부처가 될 분의 7주간, 깨달음의 장소에 머무실 동안인 49일분의 식량이 되었다. 이 7주일 동안 보살은 다른 음식을 입에 대지 않고 목욕과 세면도 하지 않고 용변도 보지 않은 채 오직 선정의 즐거움, 수행의 즐거움 그리고 그 결과의 즐거움만으로 지내신 것이다.

발우의 기적과 보리수 아래에서의 관찰

이리하여 보살은 그 우유죽을 드시고 나서 황금발우를 손에 들고 "만일 내가 오늘 깨달음을 이룬다면 이

발우는 흐름을 거슬러 올라갈 것이요, 만약 깨달음을 이루지 못한다면 흐름을 따라 흘러가 버리고 말 것이다"라시며 발우를 강물에 띄우셨다.

그 발우는 강의 흐름을 제치면서 강 중앙으로 나아갔다. 그리고 강 중앙을 마치 질주하는 말과도 같이 그대로 80핵타 거리를 거슬러 올라갔다. 그리고 나서 그 발우는 어느 지점에서 물 속으로 빠져 칼라 용왕[92]의 궁전으로 가서 그곳에 있던 과거 세 부처님들이 쓰던 발우에 빙빙 소리내며 부딪치더니 그 제일 첫번째 발우 아래에 숨어들어가 멈추었다.

칼라 용왕은 그 소리를 듣고 나서 "어제 한 분의 부처님이 탄생하시더니 오늘 또 한 분의 부처님이 나시었구나"라고 말하며 한량없이 찬송하였다. 이 용왕이 대지에서 1요자나 3가우터 높이의 하늘을 가득 채우며 오르는 시간은 오늘도 어제도 같았다는 것이다.

한편 보살은 강가에 서 있는 만개한 사라나무 사이에서 온종일을 보내다가 저물녘 꽃이 가지에서 떨어질 즈음에 천인들이 아름답게 장식한 8우사바 폭의 길을, 몸을 일으킨 사자와도 같은 모습으로 보리수를 향하여 떠나셨다. 용과 야차, 금시조 등은 하늘의 향기로운 꽃들을 공양하였고 하늘의 음악을 울렸으니 1만 큰 세계는 마치 하나의 향, 하나의 꽃다발, 그리고 하나의 갈채에 파묻힌 듯하였다.

그때, 숏티야라는 풀베는 남자가 부드럽고 연한 풀을 가지고 보살에게 왔다. 그리하여 보살의 모습을 보고 그 뜻을 알아채고는 8장의 풀을 보살에게 올렸다.

보살은 그 풀을 가지고 깨달음의 장소로 오르시어 남쪽에서 북쪽을 향하여 서시었다. 그 순간 남쪽의 지평선이 가라앉아 아래의 무간지옥에 닿게 되었고 북쪽의 지평선은 떠올라 위의 유정천(有頂天)[93)]에 닿게 되었다.

보살은 '이쪽은 올바른 깨달음을 증득할 곳이 못 되는구나'라고 생각하시고 오른쪽으로 돌아 서쪽으로 가셔서 동쪽을 향하여 서시었다. 그러자 서쪽의 지평선이 가라앉아 아래의 무간지옥에 닿았으며 동쪽의 지평선은 떠올라 위의 유정천에 닿게 되었다. 전하는 바에 따르면 보살이 서 계시는 곳마다 차축으로 고정한 큰 수레바퀴의 바깥바퀴 끝을 밟을 때와 같이 대지는 위아래로 기울어졌다고 한다.

보살은 '이곳도 올바른 깨달음을 증득할 곳이 못 되는구나'라고 생각하시고 나아가 오른쪽으로 돌아서 북쪽에서 남쪽을 향하여 서시었다. 그러자 북쪽의 지평선이 가라앉아 아래의 무간지옥에 닿았으며 남쪽의 지평선은 떠올라 위의 유정천에 도달하게 되었다. 보살은 '이곳도 올바른 깨달음을 증득할 곳이 못 되는구나'라고 생각하시고 나아가 오른쪽으로 돌아서 동쪽으로 가시어 서쪽을 향하여 서시었다.

그런데 동쪽에는 모든 부처님들이 결가부좌하던 곳이
있어 그곳은 결코 기울어지거나 흔들리는 때가 없었다.
보살은 "이곳은 모든 부처님들이 버린 적이 없었고 움
직인 적도 없었던 곳으로 번뇌의 마구니를 쳐부수는 곳
이다"라는 것을 아셨다. 그리하여 보살은 그 연한 풀을
그곳에 뿌렸다. 순간 그곳이 바로 14핵타의 자리가 되었
다. 또 그 풀방석은 아무리 그 솜씨가 뛰어난 화가나 장
인이라도 흉내낼래야 낼 수 없을 정도로 훌륭했다.

느닷없이 나타난 마왕

보살은 보리수 줄기를 등에 두고 동쪽을 향하여 굳게
결심하기를 '설령 살갗과 근육과 뼈가 닳아지고 몸의
피와 살이 말라 없어진다 해도 올바른 깨달음을 얻지
못한다면 나는 이 결가부좌를 풀지 않으리라'라고, 수없
이 많은 우레가 한꺼번에 내리쳐도 흐트러지지 않도록,
굴복하는 일이 없는 결가를 맺고 앉으셨다.

그때 천자인 마왕이 "싯닷타 태자는 나의 영역을 뛰
어넘으려 하고 있는데 어찌 그에게 뒤지고도 가만히 있
겠는가"라고 말하며 마군(魔軍)이 있는 곳으로 가서 이
일을 알렸다. 그리고 마왕천자는 이른바 '악마의 소리'를
울려 마군을 이끌고 왔다. 그 악마의 위세는 마왕의 전

방에서 12요자나도 더 갔으며 좌우에 12요자나, 후방으로는 지평선의 저쪽까지 이어졌다. 또 그 으르렁대는 소리는 위로 9요자나 높이에까지 이르렀고 천 요자나에까지 대지가 갈라지는 듯한 소리를 내었다.

그리고 마왕천자는 150요자나의 기리메칼라 코끼리에 올라 천 개의 팔을 만들어 온갖 무기를 쥐었다. 한편, 다른 마왕권속들은 제각기 다른 무기들을 하나씩 손에 들었다. 그들은 갖가지 색과 갖가지 얼굴로 보살을 위협하려고 몰려들었다.

한편, 1만 큰 세계의 천인들은 보살에게 찬가를 지어 부르고 있었다. 제석천왕은 비쟈유탈라[94]라는 고둥을 불었다. 전하는 말로는 그 고둥의 길이는 120핵타이며 한 번만 불어주면 4개월 동안 계속 울린 후에야 그친다고 한다. 위대한 칼라 용왕은 게다가 100구절의 찬탄의 시를 노래부르고 있었다. 대범천은 하얀 하늘가리개를 받쳐들고 있었다.

그러나 마군이 깨달음의 자리에 서서히 다가오자 그들 중 어느 누구도 그곳에 남아 있지 못하고 각기 모여들었던 곳에서 도망쳐 버렸다. 칼라 용왕은 땅 속으로 숨어들어가 5백 요자나 깊이에 있는 만슐리카 용궁으로 가서 그곳에서 두 손으로 얼굴을 감싸쥐고 몸을 숨겼다. 제석천은 비쟈유탈라 고둥을 짊어지고 큰 세계 끝에 섰다. 대범천은 하얀 하늘가리개를 큰 세계 끝에 놓고 범천계로 돌아가 버렸다. 천인도 그곳에 홀로 남아 있지 못하였다. 보살만이 홀로 앉아 계시었다.

한편 마왕은 자기의 무리들에게 말하였다.

"다들 보아라! 숫도다나 대왕의 아들 싯닷타와 같은 인간에게 필적할 만한 자는 어디에도 없다. 우리는 정면에서 싸울 수 없기 때문에 뒤로부터 덤빈다면 가능할 것이다."

보살이 세 곳을 두루 돌아보았지만 천인들이 모두 도망가 버리고 아무도 남아 있지 않다는 사실을 깨달으셨다. 그런데 뒤에서 마군들이 다시 몰려드는 것을 보시고 생각하셨다.

'이토록 많은 자들이 나 하나를 향해 힘들이고 애쓰고 있다. 이곳에는 내 부모도 형제도, 그리고 다른 아는 이들 아무도 없다. 하지만 이 10바라밀은 내가 영겁토록 길러온 하인과도 같은 것이다. 그러므로 바라밀〔깨달음의 수행〕을 방패삼아 바라밀의 칼을 휘둘러 이 무리를 쳐부수지 않으면 안 된다.'

이리하여 보살은 10바라밀에 온통 마음을 기울이고 앉아 계셨다.

그러자 마왕천자는 "이것으로 싯닷타 태자를 멀리 날려 버려야겠다" 하며 회오리바람을 일으켰다. 그 순간 동쪽과 그 외 모든 방향에서 바람이 휘몰아쳐 왔다. 이 바람은 반 요자나, 2요자나, 3요자나 크기의 산봉우리를 무너뜨리고 숲의 관목과 수목을 뿌리째 뽑고 모든 마을과 거리를 산산히 흐트릴 수가 있는데도 보살의 공덕의 위력으로 그 세력을 발휘하지 못하였고 보살이 계신 곳에 도달해서도 옷자락 끝도 흔들리게 하지 못하였다.

그러자 마왕은 '물을 일으켜 그를 눌러 죽여야겠다'라고 생각하고 큰비를 일으켰다. 그 세력으로 말미암아 백 겹 천 겹의 갖가지 이상한 구름들이 뭉게뭉게 끓어 올랐고 뒤이어 비가 퍼붓기 시작했다. 그 비가 가진 위력으로 인해 대지는 삽시간에 구멍 투성이가 되어 버렸고 삼림의 수목 끝까지 홍수가 졌다. 그러나 그것으로도 이 보살의 법의를 이슬방울만큼도 적실 수 없었다.

이어서 마왕은 바위덩이를 내리퍼부었다. 수천의 큰 산봉우리들이 연기를 내며 타올라 허공을 날아왔다. 그러나 보살이 계신 곳에 당도하자 그것들은 하늘의 꽃다발이 되었다.

이어서 마왕은 무기들을 내리퍼부었다. 외날과 양날의 큰 칼과 양날검, 창칼과 면도날들이 연기를 내며 타올라 허공을 날아왔다. 그러나 보살이 계신 곳에 당도하자 하늘의 꽃으로 변하였다.

이어서 마왕은 숯덩이를 내리퍼부었다. 시뻘겋게 달구어진 숯덩이가 허공을 날아왔다. 그러나 보살의 발 아래에 떨어지자마자 하늘의 꽃으로 변해 흩어졌다.

이어서 마왕은 달아오른 재를 퍼부었다. 이루 말할 수

없을 만큼 뜨거운 불의 색깔을 띤 재가 허공을 날아왔다. 그러나 보살의 발 아래에 전단향의 가루가 되어 뿌려졌다.

다음으로 마왕은 모래를 일으켰다. 아주 가늘고 고운 모래들이 연기를 내며 허공을 날아왔다. 그러나 보살의 발 아래에서 하늘의 꽃이 되어 내려왔다.

다음으로 마왕은 진흙을 일으켰다. 그 진흙은 연기를 내고 타오르며 허공을 날아왔다. 그러나 보살의 발 아래에서 하늘의 도향(塗香)이 되어 내려왔다.

그러자 마왕은 "이것으로 겁을 주어서 싯닷타를 내쫓고 말리라"라고 말하며 암흑을 불러왔다. 그 암흑은 네 가지 조건[95]을 갖추고 더욱 커져 보살이 계신 곳에 도착했다. 그러나 마치 태양빛에 부서지듯이 암흑은 사라져 버리고 말았다.

이렇게 해서 마왕은 이들 아홉 가지, 다시 말하면 바람, 비, 바위, 무기, 뜨거운 숯, 뜨거운 재, 모래, 진흙 그리고 암흑을 가지고도 보살을 물리치지 못하였다.

마왕은 그 무리들에게 "보아라, 어찌하여 너희들은 꼼짝 못하고 있는가. 이 태자를 놓치지 말고 죽여라. 이 태자를 쫓아 버려라"라고 명령하였다. 그리고 자기도 기리메칼라 코끼리를 타고 철퇴를 가지고 보살에게 다가가서 말하였다. "싯닷타여! 그 자리에서 일어서라. 그 자리는 너의 것이 아니다. 바로 나의 것이다!"

보살은 그 말을 듣고 답하셨다.

"마왕이여! 그대는 10바라밀이나 바라밀과 비슷한 것, 또는 으뜸가는 바라밀 중 어느 것도 이루어내지 못했으며 다섯 가지의 큰 보시도 행하지 않았고 자기 주위를 이익되게 하는 행위나 세간을 이익되게 하는 행위 뿐만 아니라 깨달음을 향한 수행도 하지 않았다. 그러므로 이 자리는 그대의 것이 될 수가 없다. 오히려 이것은 나의 것이다."

노한 마왕은 분노에 못 이겨 보살에게 철퇴를 내리쳤다. 그러자 그것은 마침 10바라밀을 고요히 관조하고 계신 보살의 머리에 화환의 가리개로 변하여 씌워졌다. 예리한 칼이 달린 철퇴는, 다른 경우라면 그가 노하여 내리쳤을 때 돌기둥이라 할지라도 죽순처럼 잘려나가 버리는 그런 것이다.

그렇지만 지금 여기에서는 화환의 가리개로 변하여 보살의 머리에 씌워지자 다른 마왕의 무리들은 "조만간 자리에서 일으켜 세워 쫓아 버리고 말리라"라고 말하면서 커다란 바위산을 수없이 보살에게 던졌다. 그러나 그것들도 고요히 10바라밀을 관조하고 계신 보살 앞에서 꽃다발로 변하여 땅으로 떨어졌다. 한편 천인들은 큰 세계 끝에 서서 머리를 길게 내밀고 고개를 들어 "여보시오. 싯닷타 태자의 지극히 아름답던 몸이 없어지지나 않았는지 모르겠소. 태자께서는 어찌하고 계시겠소?"라고 말하면서 바라보고 있었다.

그리하여 보살은 "바라밀을 완성한 보살들이 올바른 깨달음에 이르게 된 날에 얻은 자리는 나의 것이다"라고 말하며 그곳에 서 있는 마왕에게 질문을 하셨다.

"마왕이여! 그대가 보시를 했다는 중거를 누가 댈 수 있는가?"

그러자 마왕은 마군들을 가리키며 말했다.

"이곳에 있는 모든 이들이 댈 수가 있다."

그 순간 마왕의 권속들이 "내가 할 수 있다, 내가 할 수 있다"라고 말하니 들끓는 소리는 대지를 가르는 것과도 같았다.

이번에는 마왕이 보살에게 말했다.

"싯닷타여! 그대가 보시를 하였다는 중거는 누가 댈 수 있겠는가?"

보살은 답하셨다.

"그대가 보시를 하였다고 증명할 수 있는 자는 모두 마음을 가진 중인이지만, 내게는 이곳에 마음을 가진 중인이라 할 수 있는 자가 아무도 없다. 다른 생애에서 내가 행한 보시는 차치하고라도 벳산타라 왕자의 생애에서 7백 회에 걸쳐 커다란 보시를 했다는 중명은 이 두터운 대지가 할 수 있으리라."

그리고 법의에서 오른손을 내밀고 "벳산타라 왕자의 생애에서 내가 7백 회에 걸쳐 커다란 보시를 했다는 중

명을 그대는 할 수 있는가, 할 수 없는가"라고 말하며 대지를 향해 손을 내미셨다. 대지는 "그것이라면 제가 할 수 있습니다"라고 백천 가지 큰 음성으로 마군을 혼비백산케 하려는 듯 외쳐댔다.

그리고 보살은 "싯닷타여! 그대가 행한 큰 보시는 다시없는 보시였다"라고 스스로에게 말하며 벳산타라 왕자의 보시행을 끊임없이 생각해 내자 150요자나의 높이에 달하는 기리메칼라 코끼리가 무릎을 꿇었다. 마왕의 권속들은 사방팔방으로 도망가느라 제각기 흩어졌다. 그들은 머리장식이며 입고 있던 옷가지를 버리고 각자 생각했던 방향으로 달아났다.

그러자 천인의 무리는 도망가는 마군을 보고 "마왕이 패배하고 싯닷타 태자가 승리하셨다. 승리를 축하하자"라며 용은 용을, 금시조는 금시조를, 천인은 천인을, 범천은 범천을 이끌고 화려한 화환을 손에 들고 보살께서 계신 보리좌(菩提座) 옆으로 모여왔다.

이것은 상서로운 부처님의 승리이며
사악한 마왕의 패배이다.
깨달음의 도량에서 기뻐하는 용의 무리는
그때 대선인(大仙人)의 승리를 소리 높이 외쳤다.

이것은 상서로운 부처님의 승리이며

사악한 마왕의 패배이다.
깨달음의 도량에서 기뻐하는 금시조의 무리는
그때 대선인의 승리를 소리 높이 외쳤다.

이것은 상서로운 부처님의 승리이며
사악한 마왕의 패배이다.
깨달음의 도량에서 기뻐하는 천인의 무리는
그때 대선인의 승리를 소리 높이 외쳤다.

이것은 상서로운 부처님의 승리이며
사악한 마왕의 패배이다.
깨달음의 도량에서 기뻐하는 범천의 무리는
그때 대선인의 승리를 소리 높이 외쳤다.

다른 1만 큰 세계 천인들은 꽃다발이며 향료·도향
(塗香)을 공양올리며 수없는 찬가를 부르며 서 있었다.

깨달음의 완성

이리하여 태양이 아직 서쪽으로 기울어지기도 전에
보살은 마군을 물리치셨고, 마치 법복 위로 쏟아져내리
는 산호의 작은 가지와도 같은 보리수의 어린 싹을 공

양드시면서 초저녁에 과거세의 일을 환히 아는 지혜를
얻으셨다. 그리고 한밤중에 천안(天眼)[97]을 맑히시더니
새벽이 가까워 올 무렵에는 연기(緣起)[98]에 대한 지혜를
얻으셨다.

그런데 보살이 열두 가지 연기의 모습[十二緣起][99]을
하나도 빠짐없이 차례대로 또는 역순으로 관찰하고 계
실 때 1만 큰 세계는 바다 끝까지 12번 진동하였다. 또
한 보살은 1만 큰 세계를 울려 해가 뜰 무렵 일체지를
통달하셨을 때, 1만 큰 세계는 완전히 장엄할 준비를 마
쳤다. 동쪽의 큰 세계 끝에서 들어올린 깃대나 법당(法
幢)의 빛줄기는 서쪽 큰 세계 끝까지 이어졌다. 마찬가
지로 서쪽 큰 세계의 끝에서 들어올린 것은 동쪽 큰 세
계의 끝으로, 북쪽 큰 세계의 끝에서 들어올린 것은 남
쪽 큰 세계의 끝까지, 남쪽 큰 세계의 끝에서 들어올린
것은 북쪽 큰 세계의 끝까지 이어졌다. 또한 땅의 표면
에서 들어올린 깃대나 법당의 빛은 범천계를 뚫고 올라
가 그 위에까지 도달했으며 범천세계에 있는 것은 땅
표면에까지 도달했던 것이다.

1만 큰 세계의 꽃나무는 모두 다 꽃을 피웠고, 과일나
무에는 열매송이가 늘어져 있었다. 줄기에는 줄기에 피
는 연꽃이, 가지에는 가지에 피는 연꽃이, 덩굴에는 덩
굴에 피는 연꽃이, 그리고 하늘에는 축 늘어진 버들가지
모양의 연꽃이 꽃망울을 터뜨렸다. 또한 바위를 뚫고 위

로 위로 일곱 개씩 되어 막대기 모양의 연꽃이 피어났다. 1만 큰 세계는 그대로 공중으로 던져올려져 빙글빙글 도는 꽃다발 같았고, 잘 펼쳐 놓은 꽃방석과도 같아졌다.

큰 세계 안에는 8천 요자나 크기의 중간지옥이 있어 이곳에는 태양광선을 일곱 개나 가지고도 환히 밝힐 수 없었는데, 여느 세계나 다름없이 빛이 비추어졌다. 8만4천 요자나 깊이의 대해도 그 물이 감로가 되었으며 강은 더 이상 흐르지 않았다. 그리고 앞을 못 보는 자는 세상을 보게 되었고 들을 수 없던 자는 소리를 들었으며 두 다리로 서지 못하던 자도 걸어다녔고 갇혀 있던 이들의 쇠사슬은 저절로 떨어져 버렸다.

이리하여 한없는 아름다움을 공양받고 갖가지 부사의한 일들이 나타나고 있을 때에 보살은 일체지를 얻으시어 모든 부처님들에게 반드시 있었던 다음과 같은 감흥의 시[感興偈, 우다나]를 노래하셨다.

나는 덧없이 무수한 생의 윤회를 거쳐왔다.
윤회의 집을 지을 목수를 찾아다니며.
생을 반복한다는 일은 모두가 괴로움이다.

윤회의 집을 짓는 목수여!
그대는 이제 깨우쳤으리라.

더 이상 집을 지어서는 안 된다.
그대의 집의 골조는 모두 부러졌고
대들보는 전부 부서졌다.
마음은 생성을 떠났으니
나는 갈애(渴愛)의 멸진에 도달한 것이다.

이렇게 하여 도솔천에서 시작하여 깨달음의 자리에서
일체지를 얻으시기까지를 〈그다지 오래지 않은 인연 이
야기〉라 이름하는 것이다.

제3장 가까운 인연 이야기

보리수 아래의 보리좌

감흥게를 노래하시며 보리좌에 앉아 계시던 세존에게 이런 생각이 일어났다.

'나는 4아산키야보다 10만 겁을 더한 시간에 걸쳐 이 보리좌를 얻기 위하여 윤회의 세계를 되풀이해 왔다. 나는 그처럼 영원의 시간에 걸쳐 오로지 이 보리좌를 얻기 위해 아름답게 치장한 머리를 잘라 타인에게 주었으며 눈화장을 곱게 한 두 눈과 심장을 도려내어 타인에게 주었다. 또한 쟈아리 왕자와 같은 아들과 캄하지나 공주와 같은 딸, 그리고 맛디 왕비와 같은 아내를 다른 사람의 하인으로 준 일도 있었다. 나의 이 자리는 승리의 자리요, 뛰어남의 자리이다. 내가 이곳에 앉는 순간 나의 깨달음은 이루어졌다. 그러므로 나는 결코 이 자리

를 떠나서는 안 되리라.'

이리하여 백천조(兆) 가지의 불가사의한 선정에 도달하시며 그곳에서만 7일 동안 머물러 계셨다(이 일에 관해서는 《율장》[100] 〈대품(마하바가)〉 가운데 "그때 세존은 7일 동안, 똑같은 자리에 앉으시어 해탈의 즐거움을 음미하고 계셨다"라고 설해져 있다).

그러자 어떤 천인들에게 의아심이 일어났다. '오늘도 싯닷타에게는 해야 할 일이 있는 걸까?' 그 때문에 자리에 대한 집착을 버리지 못하는 것인가? 스승[세존]께서는 천인들의 생각을 알아채고 그 그릇된 생각을 멈추게 하기 위하여 하늘로 올라 한 쌍의 기적을 나타내셨다. 그 위대한 보리도량에서 행하신 기적은 친족들이 모인 곳에서 행한 기적과 파티카의 아들들이 모인 곳에서 행한 기적, 그리고 간다바나무 아래에서 행하신 한 쌍의 기적과 똑같은 것이었다.

이렇게 해서 스승께서는 이 기적으로 천인들의 오해를 멈추게 하신 후, 자리에서 서서히 동쪽으로 몸을 기울여 북쪽을 향하여 일어서시어 "오! 나는 이 보리좌에서 일체를 아는 지혜에 도달하였도다"라고 말하며 4아산키야보다 10만 겁을 더한 기간 동안 이루어 온 바라밀행의 성과를 증득하신 곳인 그 자리를 7일 동안 눈을 한 번도 깜박거리지 않으시며 바라보셨다. 그곳은 '깜박임 없는 영지(靈地)'라는 이름으로 불리게 되었다.

또한 보리좌와 일어서신 곳 사이에 경행처(經行處)를
두시어 세존은 동쪽에서 서쪽으로 드리워진 그 보석과
같은 경행처를 오가시며 7일을 보내셨다. 그곳은 '보배로
운 경행의 영지'라 불리게 되었다.

나아가 제4주째 되는 날에는 보리수 서북쪽에 천인들
이 보석의 집을 지었다. 세존은 그곳에서 결가부좌하시
고 《論藏》을 분석하고 낱낱의 방법으로 만물의 출발점
을 생각하시면서 7일 동안 보내셨다.

(그런데 《논장》101)을 통한 스승들은 다음과 같이 말한
다. "보석의 집이란, 보석으로 만든 집이나 또는 《7론(七
論)》102)을 습득한 곳인 보석의 집이다." 이 두 가지 해석
은 여기에 모두 해당되므로 두 가지 의미로 이해할 수
가 있다. 이후로 그곳은 '보석집의 영지'라 불리게 된 것
이다.)

마녀의 유혹

이리하여 세존은 보리수 아래에서만 4주간을 지내시
고 5주째에는 보리수 아래에서 아쟈팔라 용나무가 있는
곳으로 가셨다. 그곳에서도 진리를 고찰하시며 앞서와
똑같은 해탈의 즐거움을 맛보시며 앉아 계셨다.

그때 마왕천자가 "세존을 항상 쫓아다니면서 허물을

찾았지만 이분에게는 아무런 흉거리를 찾아내지 못했다. 이제 이분은 나의 능력을 넘어서 있다”라고 낙담하여 큰길에 털썩 주저앉아 다음의 16가지 원인을 생각하면서 땅 위에 16개의 선을 그렸다.

“나는 이분과 같은 보시바라밀을 수행하지 못하였다. 그러므로 나는 이분과 똑같아질 수 없는 것이다”라고 말하면서 하나의 선을 그었다. 마찬가지로 “나는 이분과 같은 지계바라밀, 출리바라밀, 지혜바라밀, 정진바라밀, 인욕바라밀, 진실바라밀, 결정바라밀, 자비바라밀과 사(捨)바라밀을 수행하지 못하였다. 그러므로 나는 이분과 똑같아질 수가 없는 것이다”라고 말하며 10번째 선을 그었다.

그리고 “나는 이분처럼 각기 다른 사람의 능력을 아는 예사롭지 않은 지혜를 얻을 수 있는 조건이 되는 10바라밀을 이루지 못하였다. 그러기 때문에 나는 이분과 똑같아질 수가 없는 것이다”라고 말하며 11번째 선을 그었다. 마찬가지로 “나는 이분처럼 다른 사람의 뜻과 마음을 아는 예사롭지 않은 지혜, 대자비심이 고루 결정된 지혜, 한 쌍의 기적을 일으키는 지혜, 걸림없는 지혜 및 온갖 지혜를 얻을 수 있는 조건이 되는 10바라밀을 이루지 못하였다. 그러므로 나는 이분과 똑같아질 수가 없는 것이다”라고 말하며 16번째 선을 그으면서 앉아 있었던 것이다.

그때 탕하〔탐욕〕, 아라티〔혐오감〕, 라가〔애염(愛染)〕
의 이름을 가진 마왕의 세 딸이 "아버지가 보이지 않는
구나. 대체 어디에 계시는 걸까?" 하고 찾아다니다 마침
낙담하여 땅 위에 선을 긋고 있는 그의 모습을 발견하
였다.

그녀들은 아버지가 계신 곳으로 가서 물었다.

"아버님! 어찌하여 괴롭고 울적한 모습으로 계시는
겁니까?"

"애들아! 이 위대한 사문은 나의 힘을 초월해 버렸다.
지금까지 오로지 이분을 관찰하여 왔지만 이분에게 과
실을 발견해 내지 못하였구나. 그 때문에 나는 괴로움에
빠져 이렇게 울적해 있는 것이란다."

"그런 일이라면 걱정하지 마십시오. 우리들이 그분을
데려오겠습니다."

"애들아! 이분에게는 그 어떤 힘을 쓴다 해도 불가능
하다. 이분은 흔들리지 않는 신념으로 확신을 갖고 있기
때문이다."

딸들은 "아버님! 저희들은 여자가 아닌가요? 이제 저
분을 애욕의 밧줄로 묶어 데려오겠어요. 걱정하지 마세
요"라고 말하고 세존이 계신 곳으로 다가가 "사문이시
여! 인사드리옵니다"라고 말하였다.

세존은 그 말에 개의치 않고 눈을 뜨고 바라보지도
않으신 채 망집의 이 위없는 소멸을 향해, 마음은 해탈

하고 홀로 멀리 떠남의 즐거움을 맛보시면서 앉아 계셨
다.

　그런데도 마왕의 딸들은 "뭐니뭐니해도 남자의 욕망
은 가지각색이다. 어떤 남자는 소녀를 흠모하고 어떤 남
자는 혼기에 찬 여자를 흠모하며 또 어떤 남자는 중년
여자를, 어떤 남자는 노년의 여자를 흠모하기도 한다. 우
리는 갖은 수단으로 유혹하기로 하자"라고 말하며 각기
어린 여자아이의 모습을 띤 100명씩의 모습으로 변하고
또다시 처녀, 한 번의 출산경험이 있는 여성, 두 번의 출
산경험이 있는 여성, 중년 여성 그리고 노년의 여성 등
여섯 차례씩 변하여 세존의 앞으로 나아가 "사문이시여!
인사드리옵니다"라고 말하였다.

　그래도 세존은 전혀 개의치 않으셨다. 여전히 망집의
이 위없는 소멸을 향해 마음이 해탈하여 계시었던 것이
다.

　그런데 어떤 스승〔아쟈리〕들은 이야기한다.

　"세존은 여인들이 노파가 되어 다가오는 것을 보고
'이 여인들은 이러저러하여 이가 다 빠진 백발의 노인
이 되기를……'이라며 원하였다."

　그러나 이렇게 이해해서는 안 된다. 왜냐하면 세존께
서 그와 같은 바람을 하실 리 없기 때문이다.

　세존은 "사라져라! 너희들은 무엇을 위해 그런 일에
목숨을 걸고 달려드는가? 그같은 짓은 탐욕을 떠난 자

앞에서 아무런 의미도 갖지 못한다. 여래〔세존〕는 탐욕
을 버렸고 성냄을 버렸으며 어리석음을 버린 존재이다"
라고 말하며 스스로의 번뇌를 끊었음에 대해 다음과 같
이 노래하셨다.

　　이 승리는 잃어지는 것이 아니다.
　　이 승리에 세상 어느 사람도 도달할 수 없으며,
　　그것을 얻은 부처님을 행하는 바가 무한한데
　　하물며 애욕을 향해 길을 떠나겠는가?
　　그와 같은 자를 어떤 방법으로 유혹하려는가?

　　그물처럼 얽히고 감긴 탐욕을,
　　어디에서도 찾아볼 수 없는
　　부처님은 행하는 바가 한량 없는데
　　하물며 탐욕을 향해 길떠나겠는가?
　　그와 같은 자를 어떤 방법으로 유혹하려는가?

　　이렇게 두 게송으로 설법하셨다.
　　여인들은 "아버지가 말씀하신 그대로구나. 세상에서
아라한이 되어 깨달음에 도달한 사람은 욕정으로 유혹
을 할 수 없는 것이구나"라고 말하며 그들의 아버지에
게로 돌아갔다.

무챠린다에서 라쟈야타나로

　세존은 그곳에서 7일 동안을 지내신 후 계속해서 무챠린다로 가시어 그곳에서 또한 7일을 보내셨다. 그곳에서는 비가 온 관계로 냉랭한 기운이 돌아 한기를 막고자 무챠린다용왕이 세존을 7겹으로 에워쌌다. 그 덕분에 세존은 추위에 방해를 받는 일이 없이 마치 꽃내음이 가득 찬 궁궐에 계시는 양 해탈의 즐거움을 맛보시며 7일을 보내신 후 그곳에서 라쟈야타나를 향해 가셨다.

　그곳에서도 세존은 해탈의 즐거움을 맛보시며 앉아 계셨다. 이로써 정확히 제7주가 끝난 것이다. 그동안 세존은 세면도 하지 않으셨고 옷차림에도 전혀 주의를 기울이지 않으셨으며, 음식도 들지 않았다. 오직 선정의 즐거움과 깨달음을 향해 가는 즐거움과 깨달음의 결과에 대한 즐거움만으로 지내오셨다.

　그런데 일곱째 주의 49일째에 그곳에 앉아 계시던 세존은 세수를 해야겠다고 생각하셨다. 그러자 제석천왕이 아가다와 하리타카 약을 가져와 세존께 올렸다. 스승〔세존〕은 그 약을 드시고 배변을 하셨다. 제석천왕은 나가나무로 만든 칫솔과 세수할 물을 올렸다. 스승은 그 칫솔을 쓰고, 아노탓타 연못물로 세수하신 후 그대로 라쟈야타나나무 아래에 앉으셨다.

그때 타팟스와 바출루카라 이름하는 두 장사꾼이 5백 대의 수레로 웃칼라지역에서 중부지방으로 가던 중이었는데 선조 때부터 인연이 있던 수호신들이 수레를 멈추게 하고 스승을 위해 먹을 것을 준비하도록 하자 그들은 보리과자와 꿀경단을 꺼내어 "세존께서는 부디 이 음식을 받아주소서"라며 스승의 곁에 다가가 올렸다.

세존께서 일찍이 우유죽을 받으시던 날에 그 발우가 없어졌기 때문에 '여래는 무슨 일이 있어도 손으로 먹을 것을 받아서는 안 된다. 어떻게 받을 방법이 없을까?'라고 생각하셨다. 그러자 이 마음을 알아챈 사왕천들이 사방에서 사파이어로 만든 발우를 가지고 왔다.

그러나 세존은 거절하셨다.

사왕천은 다시 연두색 돌로 만든 네 개의 발우를 가지고 왔다. 세존은 네 명의 천자들을 가엾이 여기시어 네 개의 발우를 받으시고 겹쳐서 "하나가 되어라" 하고 염하셨다. 그러자 네 개가 그 가장자리 주위로는 또렷한 선을 남기고 중간 크기의 하나의 발우로 변해 버렸다. 세존은 그 돌로 만든 발우에 받아 잡수시고 고마움의 뜻을 전하였다.

이리하여 장사꾼 형제는 부처님과 가르침에 귀의하여 두 가지 귀의를 받은 재가신자가 되었다. 그때 두 사람이 "스승이시여! 무언가 숭배할 만한 대상이 하나 있었으면 하나이다" 하고 말하자 세존은 오른쪽으로 자신의

머리를 쓰다듬어 머리카락을 기념으로 주셨다. 두 사람
은 고향으로 돌아가서 그 머리카락을 넣고 탑을 세웠다.

최초의 설법

그후 진리를 얻은 세존은 다시 아쟈팔라 용나무 있는
곳으로 가셔서 나무 아래에 앉으셨다. 자리에 앉자마자
스스로 증득한 가르침의 심오한 뜻을 관찰하시며 '내가
증득한 이 진리는 이처럼 어려운 것이구나'라고 생각하
여 타인을 위해 가르침을 설하기란 지극히 어려울 것만
같은 기분에 사로잡혔다.

그러자 사바세계의 주인인 범천이 '오오! 이 세상은
멸하는구나. 이 세상은 멸망하는구나' 하고 생각하고 1
만 큰 세계의 제석천, 야마천, 도솔천, 타화자재천, 대범
천들을 이끌고 스승이 계신 곳으로 가서 "존귀하신 스
승 세존이시여! 가르침을 베풀어 주사이다. 존귀하신 세
존이시여! 가르침을 베풀어 주사이다" 하며 세존께 설법
하시기를 간원하였다.

스승은 이 간원에 허락을 하시고 '먼저 누구에게 최
초의 설법을 해야 좋을까?' 하며 생각하셨다. 그러자
'알라라(칼라마) 현인이 좋겠구나. 그러면 이 가르침을
듣는 즉시 이해할 것이다'라고 생각하셨다. 이어서 이

사람에 대하여 관찰해 본 결과 이미 그는 죽은 지 7일째가 되었음을 아셨으므로 다음으로 웃다카(라마풋타)를 기억해 내셨다. 그러나 그 또한 지난 밤에 이미 세상을 떠났음을 알았다.

그러자 이번에는 "예전에 커다란 도움을 주었던 다섯 비구들이 있구나" 하며 다섯 명을 기억해 내셨다. '그들은 지금 어디에 살고 있을까?' 하고 깊이 생각하여 "바라나시의 미기다야(녹야원)라는 곳에 살고 있다"는 사실을 아시었다. 그리하여 스승은 "그곳으로 가서 법륜을 굴리듯이 설법을 해야겠다" 하시고 며칠간은 보리도량의 주위를 탁발하며 보내셨다.

그리하여 "아살라달의 보름날에 바라나시로 가야겠다' 하고 14일 이른 아침 동틀 무렵에 의발을 꺼내서 18요자나 길을 걸어 나아가셨다. 도중에 스승은 우파가라 하는 아지비카 파(派)[103]의 고행자를 만나 자신이 부처가 되었음을 이르셨다. 그리고 그날 저녁에 이시바타나에 도착하셨다.

그런데 다섯 장로들은 멀리서부터 스승이신 여래가 다가오시는 모습을 보자 이렇게 말하였다.

"친구들이여! 저기 사문 고타마가 오고 있소. 그는 사치스럽게 지낸 까닭에 몸은 피둥피둥 살이 쪘고 감각도 예민해졌으며 혈색이 좋아져서 이리로 오고 있소. 우리는 저 사람에게 예배 따위를 하지 맙시다. 다만 그는 위대한 가문에서 태어났으니 여기에 자리를 잡을 정도의 가치는 있소. 그러니 그에게 자리만은 허락합시다."

이렇게 그들은 서로 약속했다.

세존은 천계와 세간의 사람들의 마음 움직임을 아는 지혜로써 '이 사람들은 대체 무엇을 생각하고 있는 것일까?' 하며 골똘히 생각하여 그들의 마음을 파악하였다.

그러자 세존은 모든 천인이나 인간에 대해서 고루 널리 퍼질 수 있는 자비심을 그들에게 집중시키고 나아가 특별한 자비심을 그들에게 미치도록 하였다. 그들은 세존으로부터 나오는 자비심을 받아 여래가 서서히 다가옴에 따라 자신들끼리의 약속을 지키지 못하고 예배하고 경례하는 등 온갖 예의를 갖추었다.

그런데 이분이 진리를 깨달은 분임을 전혀 알지 못하여 그 이름을 부르며 '벗이여'라는 호칭으로 세존을 대하였다. 그러자 세존은 그들에게 "비구들이여! 여래에게 이름을 부르거나 '벗이여'라는 식으로 대해서는 안 된다. 비구들이여! 나는 여래로서, 올바르게 깨달은 자이다"라고 말하며 스스로 부처임을 나타내시었다.

그리고 그곳에 놓아둔 장엄한 부처님의 자리에 앉으신 세존은 웃탈라살라 성좌에 보름달이 합해질 때에 1억8천만 명의 범천을 거느리고 다섯 장로를 불러 《전법륜경》을 설하신 것이다.

이 설법에 의해 다섯 사람 가운데 안냐 콘단냐 장로는 지혜를 얻었다. 그리고 그는 그 경이 다 설해진 후 1억8천만 명의 범천과 함께 성자의 흐름에 드는 첫 단계인 예류과(預流果)[104]에 도달하였다.

스승은 같은 곳에서 우기(雨期)가 시작되자 안거(安居)[105]에 들어가셨다. 다음날 스승은 정사에서 밧파 장로에게 가르침과 계를 주셨다. 그동안 다른 네 명의 장로들은 탁발하러 다녔다. 밧파 장로는 스승께서 가르치고 계를 주시자 오전 중에 예류과에 도달하였다. 이리하여 스승은 그 다음날에는 밧티야 장로, 그 다음날에는 마하나마 장로, 그 다음날에는 앗사지 장로 등 다섯 장로 모두를 예류과로 인도하셨다. 나아가 그달 보름 지난 5일째에는 다섯 사람을 모아 《무아상경(無我相經)》을 설하셨다. 이 설법이 끝나자 다섯 장로들은 아라한과(阿羅漢果)에 도달하였다.

재가인들의 귀의와 출가

그 이후 스승은 야사라고 하는 양가의 아들이 세상에 염증을 내어 집을 버리고 출가해 왔을 때 그에게 성자의 자질이 있음을 아시고 "잘 왔구나, 야사여!" 하고 맞아들였다. 스승은 야사를 그날밤에는 예류과에, 그 다음

날에는 아라한과에 들게 하셨다. 또한 그의 다른 친구들 54명에게도 "잘 왔구나, 비구들이여!" 하며 출가시켜 아라한과에 들게 하셨다.

이렇게 해서 세상에 61인의 아라한이 탄생하게 된 것이다. 그리고 스승은 우기의 안거를 마치시고 "비구들이여! 법을 설하도록 길을 떠나라!" 하시며 61인의 비구들을 각각의 방향으로 길을 떠나 보냈다.

그리고 스승께서는 우루벨라로 가시었다. 가는 도중 캇파샤나무로 우거진 숲속에서 30명의 상류층 젊은이들을 가르치셨다. 그들 가운데 가장 낮은 자는 예류과에 들었으며 가장 높은 자는 두 번 다시 이 미혹의 세계로 돌아오지 않는 불환과(不還果)에 이르렀다. 그리고 그들 모두를 출가시켜 각각의 방향으로 보내고 그 자신은 우루벨라로 가신 것이다.

그리고 스승은 3천5백 가지의 신통을 부려 천 명의 결발행자(結髮行者)들을 거느린 우루벨라 캇사파 등 3인의 결발행자를 부처님의 가르침으로 이끌어 출가시켰다. 그리고 스승은 그들을 가야시사산 정상에 앉히고 '타오르는 불에 비유한 설법' 106)을 통해 그들을 아라한과에 들게 하시었다.

빔비사라왕의 귀의

계속해서 스승은 천 명의 아라한을 거느리고 '빔비사
라왕과의 약속을 지켜야 한다'고 생각하시며 라쟈가하
근처에 있는 랏티 숲 동산에 도착하셨다. 그 동산을 지
키고 있던 관리로부터 "스승께서 도착하셨습니다"라고
보고받은 왕은 20만 명의 바라문과 부호들을 이끌고 스
승이 계신 곳으로 가서 뵈었다. 발바닥에 바퀴모양이 있
고 황금의 덮개와도 같이 빛다발이 나오고 있는 여래의
발에 머리를 대고 예배한 왕은 함께 온 사람들과 나란
히 앉았다.

그때 왕의 시종인 바라문과 부호들은 생각하였다.

'대관절 위대한 사문이 우루벨라 캇사파 아래에서 청
정한 수행을 닦고 있는 것인가, 그렇지 않으면 우루벨라
캇사파가 대사문 아래에서 청정한 수행을 닦고 있는 것
인가?'

세존은 그들의 생각을 알아차리고 게송으로써 우루벨
라 캇사파 장로에게 말을 건네셨다.

우루벨라의 주인이여!
그대는 고행자라 불리었는데
대체 무엇을 보았기에

불의 신을 저버렸는가?
캇사파여! 나는 그대에게 그 의미를 묻노라.
어찌하여 그대는 저버렸는가,
불의 신을 위한 공희를.

그 장로도 세존의 뜻을 알고

모양새와 맛과 소리와 아름다운 여자를
그들은 공희라고 주장합니다.
하지만 이것은 집착의 근원이 되는 것이므로
더럽혀진 것이라 알았기 때문에
나는 공희와 공양물에 집착할 수 없었습니다.

라는 게송을 노래하면서 캇사파는 자기가 불제자임을
그들에게 알리기 위해 여래의 발에 머리를 대고 예배하
면서 "존귀하신 스승이시여! 세존은 저의 스승이시며 저
는 당신의 제자입니다"라고 말했다. 그리고 그는 1타라
나무, 2타라나무, 3타라나무 내지 7타라나무의 높이까지
일곱 차례 뛰어서 오르내리며 여래를 예배하고 그 옆에
앉았다.
　대중은 이 기적을 보고 '과연 부처님은 큰 위력을 지
니셨고 이토록 훌륭한 힘에 대한 지혜를 갖고 있기 때
문에 아라한이라고 하는구나' 하고 생각하였다. 그렇게

생각하면서 대중은 "우루벨라 캇사파마저도 망상의 그물을 던져 버리고 여래에게 그 가르침을 받았다"라고 말하며 스승의 덕을 칭송하였다.

세존은 "내가 우루벨라 캇사파를 교화한 적은 지금뿐만이 아니다. 과거에도 내게 가르침을 받았었다"라고 말씀하셨다. 그리고 이 뜻을 분명하게 하기 위해 〈마하나라다캇사파 쟈타카(본생담의 오백마흔네 번째 이야기)〉를 설하심으로써 사성제(四聖諦)[107]를 밝히셨다.

이 설법에 의해 마가다 국왕은 11만 명의 바라문과 부호들과 함께 예류과에 들었고 또 나머지 1만 명은 재가신자가 될 뜻을 밝혔다. 왕은 스승의 앞에 앉은 채로 다섯 가지 소원[108]을 말하고 불·법·승에 귀의하였으며 다음날의 식사에 부처님을 모실 것을 약속하고 자리에서 일어나 세존을 오른쪽으로 돌고 떠나갔다.

세존이 라쟈가하로 오실 때의 이야기

다음날 18억의 라쟈가하 주민들은 세존을 뵌 적이 있는 사람이건 그렇지 못한 사람이건 모두가 여래를 한 번만이라도 친견하려고 아침 일찍부터 라쟈가하 도시에서 라티 숲속으로 앞다투어 몰려왔다. 그 까닭에 3가우터 폭의 길마저도 좁을 지경이었다. 라티 숲속은 발디딜

틈도 없이 꽉 채워져 마치 나뭇잎이 숲에 가득 채워진 것같아 보였다.

수많은 군중들은 위없는 위용에 도달하시고 열 가지 힘을 갖추신 분의 모습을 예배하고 돌아갔지만 좀처럼 그로써 만족할 수가 없었다. 이 땅을 '찬양의 땅'이라 한다. 이같은 곳에서는 여래의 몸의 주요한 특징과 자세한 특징 등 온갖 훌륭한 모습이 찬양받을 만한 것이다. 이처럼 위없는 위용에 도달해 계시고 열 가지 힘을 갖추신 분의 모습에 예배하고 간 수많은 사람들 때문에 나뭇잎으로 가득 채워진 바구니마냥 숲이며 길에는 단 한 사람의 비구마저도 들어설 자리가 남아 있지 않았다.

전하는 바에 따르면 그날 '세존은 라티 숲이 사람들로 메워지게 되어 왕의 초대에 응할 수가 없어지자 자칫하면 공양을 하루 거를지도 모르게 되었다. 그러나 그러한 일은 있어서는 안 되는 일이었다'는 것을 경고하기 위해 제석천이 앉아 있던 자리가 뜨겁게 달아올랐다. 제석천은 이모저모 궁리하다가 그 원인을 알아내고 청년의 모습으로 몸을 바꾸어 불·법·승에 대한 찬사를 올리며 열 가지 힘을 갖춘 분 앞으로 내려와 하늘이 가진 신통력으로 장소를 열면서 다음의 게송을 노래하였다.

스스로를 잘 다스리고

황금바퀴와도 같이 빛나시는 세존께서
예전에는 머리를 땋은 수행인이며
스스로를 다스려 자유를 얻은 자들과 함께
라쟈가하 마을로 들어오시게 되었다.

해탈하시어
황금바퀴와도 같이 빛나시는 세존께서
예전에는 머리를 땋은 수행인이었지만
해탈하여 자유를 얻은 이들과 함께
라쟈가하 마을로 들어오시게 되었다.

피안으로 건너가신
황금바퀴처럼 빛나시는 세존께서,
예전에는 머리를 땋은 수행인이었지만
피안으로 건너가 자유를 얻은 이들과 함께
라쟈가하 마을로 들어오시게 되었다.

열 가지 머무름[109]을 지니시고
열 가지 힘을 갖추셨으며
열 가지 가르침[110]을 아시고
열 가지 특질[111]을 갖추신 세존께서
천 명을 거느리고 라쟈가하 마을로 들어오시게 되었
다.

청년으로 변한 제석천은 이 게송으로 스승을 찬양하면서 앞으로 나아갔다. 수많은 군중들은 청년의 훌륭한 자태를 보고 '우리는 이처럼 수려한 청년을 지금까지 본 적이 없다'고 생각하면서 "이 청년은 어디서 왔을까? 그리고 누구의 아들일까?" 하며 수근대었다. 이것을 들은 청년은

현명하시고 온갖 점에서 스스로를 다스렸으며
비할 바 없는 아라한으로
깨달음의 세계에 드신 부처님을 모시는 사람입니다.

라는 게송을 노래하였다.

천 명의 비구들이 위요하는 가운데 세존은 제석천이 열어놓은 길을 따라 라쟈가하 마을로 들어가셨다.

왕은 세존을 우두머리로 하는 승단에 많은 보시를 하면서 "세존이시여! 저는 불·법·승 삼보가 없이는 살아갈 수 없습니다. 저는 언제나 세존을 향합니다. 하지만 라티 숲의 동산은 너무나 떨어져 있습니다. 그러나 저희 대나무숲 동산은 멀리 있지 않습니다. 세존이시여! 이곳으로 왕림하시어 부처님에 어울리는 주처를 저에게서 받아 주소서"라고 말하며 황금의 병에서 꽃내음이 풍기는 보석과 같은 색깔의 물을 부어 열 가지 힘을 갖춘 분의 손에 뿌리며 죽림동산〔竹林精舍〕을 올렸다.

세존께서 그 동산을 막 받으시려 할 때, 부처님의 가르침이 그 뿌리를 내렸다는 뜻에서 대지가 진동하였다.

(잠부 주에는 죽림원 이외에는 받아들일 때 대지가 진동한 적은 없었고 또한 탐바판니 섬(실론 섬)에서는 마하비하라 이외에 받아들일 때에 대지가 진동했던 적은 없다고 한다.)

스승은 죽림원을 받으신 후 왕에게 축복을 내리시고 자리에서 일어나 비구를 거느리고 죽림원으로 드시었다.

사리풋트라와 목갈라나의 귀의

그런데 그 무렵 사리풋트라와 목갈라나라고 하는 두 명의 유행자가 라쟈가하 마을 근처에 살면서 불사(不死)의 경지를 추구하고 있었다.

두 사람 가운데 사리풋트라는 앗사지 장로가 탁발하러 오는 모습을 보고 신심을 내어 장로에게 다가가 "무릇 원인이 있어 그로부터 생한 온갖 현상은……"이라는 게송을 듣고 예류과에 도달하여 친구인 목갈라나 유행자에게 그 게송을 들려주었다. 그도 예류과에 도달하였다.

그들 두 사람은 산자야를 만난 이후 자기들의 동료와 함께 스승(세존)에게로 가서 출가하였다. 두 사람 가운

데 마하목갈라나는 7일 만에 아라한과에 도달하였고 사
리풋트라 장로는 보름 만에 아라한과에 도달하였다. 그
러나 스승은 그 두 사람을 으뜸가는 제자의 위치에 올
렸다. 사리풋트라 장로가 아라한과에 도달한 날에는 제
자들의 집회가 있었다.

부왕 숫도다나의 소원

한편 여래가 죽림원에 머물고 계실 때, 숫도다나 대왕
은 "왕의 아들은 6년 고행으로 위없는 깨달음에 도달하
여 수승한 법의 바퀴를 굴리며 라쟈가하 성 가까이에
있는 죽림원에 머물고 있다고 한다"라고 듣고 대신에게
말하였다.

"보아라. 잠시 오너라. 천 명의 하인을 거느리고 라쟈
가하 성으로 가서 내 말로써 '그대의 아버지 숫도다나
는 당신을 몹시 만나고 싶어한다'라고 전하고 무슨 일
이 있어도 내 아들을 데려오너라."

"분부대로 행하겠나이다."

대신은 왕의 명령에 머리를 조아리고 천 명의 하인들
을 거느리고 급히 60요자나의 길을 떠나 열 가지 힘 갖
추신 분이 네 무리의 제자 가운데 앉아 가르침을 설하
고 계실 때 정사로 들어갔다. 그는 '아직 왕의 전언을

보고하기엔 이르다. 조금 기다려야겠구나" 하고 생각하고 사람들 끝에 서서 스승의 설법을 들은 후, 선 채로 천 명의 사람들과 함께 아라한과에 도달하여 출가하고자 원하였다.

세존은 "잘 왔구나, 비구들이여!" 하고 말하며 손을 내미셨다. 바로 그 순간 모든 사람이 신통력으로 만들어진 의발을 지닌 100세의 장로와도 같은 모습이 되었다. 아라한과에 도달한 뒤에는 성자는 세속의 일에 무심해지게 되므로, 대신은 왕의 전언을 열 가지 힘 갖추신 분에게 알려드리지 않았다.

왕은 '심부름 간 대신이 돌아오지 않으니 무슨 영문인지 모르겠구나' 하고 생각하고 "보아라, 이번에는 그대가 다녀와야겠구나" 하고 예전과 마찬가지로 또 다른 한 명의 대신을 보내었다. 그 대신도 가기는 하였으나 앞의 대신과 마찬가지로 모두 한꺼번에 아라한과에 도달하여 왕의 전언을 전하지 않고 조용히 입을 다물고 말았다.

왕은 또 마찬가지로 아홉 명의 대신에게 각기 천 명의 하인을 딸려서 보냈으나 모두 자신들이 해야 할 목적을 달성하지 못한 채 왕의 전언을 까맣게 잊어 버리고 그곳에 머물러 살게 되고 말았다.

왕은 회신조차도 전하러 오는 이가 없자 생각에 잠겼다.

'그토록 많은 이들이 내게 애정이란 조금도 없어 회신조차도 가지고 돌아오지 않는구나. 나의 말을 그대로 전하고 돌아올 사람은 없을까?'

왕이 군대를 둘러보다 카루다이를 눈여겨 보았다. 카루다이는 왕의 심부름은 무엇이든지 다 해내는 신뢰할 만한 심복이었고, 세존과는 같은 날에 태어나 함께 흙장난을 치던 어릴 적 친구이기도 했다. 그래서 왕은 카루다이에게 이야기했다.

"카루다이여! 나는 내 아들을 만나고 싶은 생각에 9천 명이나 파견했지만 돌아와서 회신을 알려주는 자는 한 명도 없었다. 하지만 사람이 살다 보면 언제 위기가 닥칠지 모르는 일이다. 나는 살아 있는 동안에 아들을 만나보고 싶을 뿐이다. 나를 아들과 만나게 해줄 수는 없겠는가?"

"대왕이시여! 만약 제가 출가할 것을 허락해 주신다면 그 일은 가능할 것입니다."

"카루다이여! 그대가 출가하든 하지 않든 그것은 네 자유이니 어쨌든 나를 아들과 만나게만 하여 다오."

"그리하겠나이다. 대왕이시여!"

이렇게 말한 카루다이는 왕의 전언을 갖고 라쟈가하성으로 가서 스승이 가르침을 설하고 계실 때 사람들 끝에 서서 듣다가 시종과 함께 아라한과에 들어 "잘 왔구나, 비구들이여!" 하는 차례를 밟아 그곳에 머물렀다.

세존, 카필라 성으로 오시다

스승은 부처가 되신 이래 최초의 여름 안거를 이시파타나에서 보내시고 안거가 끝나자 안거의 수료식을 행하셨다. 그 후 우루벨라 마을로 가서 그곳에서 3개월 머무시는 동안 삼형제인 결발행자를 교화하시고 천 명의 비구들을 거느리고 풋사월(月)의 보름날에 라쟈가하 성으로 가시어 그곳에서 2개월을 계셨다. 이로써 바라나시 성을 나오신 이후 5개월이 흘렀다.

겨울이 완전히 지나 웃다이(카루다이) 장로가 온 지 7, 8개월이 지났다. 웃다이 장로는 밧구나월(月)의 보름날에 생각하였다.

'겨울이 지나고 봄이 왔구나. 곡식이 거두어져 어느 쪽을 향해서도 길이 났다. 대지는 푸르게 옷을 입고 숲은 꽃들로 만발하고 길을 통하게 되었으니 이제야말로 열 가지 힘 갖추신 님이 혈육과 만날 시기이다.'

그리하여 세존이 계신 곳으로 가서

존귀하신 스승이시여!
나무들은 붉은 과실로 열매를 맺고
잎을 떨구어 불꽃처럼 빛나고 있습니다.
위대하신 영웅이시여!

바야흐로 깨달음의 단맛을 나눌 때입니다.

추위도 없고 더위도 없으며
걸식하며 살아갈 정도로 기근도 없어
대지는 신선한 초록으로 빛나고 있습니다.
위대하신 현자이시여! 때는 지금이옵니다.

이렇게 예순 가지 게송을 노래하며 열 가지 힘 갖추신 분이 태어난 고향으로 돌아가시도록, 귀향하실 것을 권하였다.

그러자 스승은 웃다이 장로에게 말씀하셨다.

"웃다이여! 그대는 대체 무슨 까닭으로 달콤한 말을 하며 내게 돌아갈 것을 권하는가?"

"존귀하신 스승이시여! 스승의 아버지이신 숫도다나 대왕이 만나고 싶어하옵니다. 친족들을 만나주소서."

"알겠다. 웃다이여! 친족을 만나겠다. 비구들에게 알려서 모두 떠날 채비를 갖추도록 하라."

"그리하겠나이다. 스승이시여!"

웃다이 장로는 비구들에게 가서 이 일을 알렸다.

세존은 앙가국과 마가다국에 사는 양가의 자식들 가운데 1만 명과 카필라바스투에 사는 이들 가운데 1만 명을 모아 번뇌를 끊은 비구 2만 명을 거느리고 라쟈가하 성을 떠나 매일 1요자나씩 앞으로 나아가 "카필라 성은 라쟈가하 성에서 60요자나 거리에 있으므로 2개월에 걸쳐 가도록 하자"하며 서둘지 않고 여행길에 올랐다.

한편 웃다이 장로는 '세존께서 출발하셨음을 왕께 알려야겠다'고 생각하여 공중을 날아 왕이 사는 곳에 모습을 나타냈다. 왕은 장로의 모습을 보고 기뻐하며 장로를 훌륭한 의자에 앉히고 자신을 위해 준비해 둔 온갖 훌륭한 음식을 발우에 가득 담아 올렸다. 장로는 일어서서 떠날 것같은 자세를 취했다. 그러자 왕이 말했다.

"앉아서 잡수십시오."

"대왕이시여! 나는 스승의 옆에 가서 먹겠습니다."

"스승은 어디에 계십니까?"

"대왕이시여! 스승은 당신을 만나고자 2만 명의 비구를 거느리고 여행에 올랐습니다."

"그대는 이 음식을 드시고 내 아들이 이 도시에 도착할 때까지 여기서 아들에게 음식을 보내주지 않겠습니까?" 하고 왕은 기쁨에 들떠 말하였다.

장로는 허락했다. 왕은 장로의 사람을 시켜 향가루로 풍미를 낸 최상의 음식을 발우에 가득 담아 "여래께 올려 주십시오" 하고 말하며 장로의 손에 건네 주었다. 장로는 모두가 보고 있는 가운데 발우를 공중으로 던지고 자신도 날아올라 공양물을 가지고 가 스승에게 드렸다. 스승은 그 공양을 드시었다. 이렇게 해서 장로는 매일 공양을 날랐다. 스승도 또한 길에서 왕으로부터 오는 공양을 잡수셨다.

장로는 또한 매일 스승이 공양을 마치실 때마다 "세존께서 오늘은 이만큼 오셨습니다. 세존께서 오늘은 이만큼 오셨습니다" 하고 전하며 세존의 덕에 관한 말을 하여 왕가의 사람들이 모두 세존을 만나기 전부터 스승에 대한 믿음을 갖게끔 하였다. 그로 인해 세존은 "비구들이여! 나의 제자인 비구 가운데 자신의 일족에게 믿음을 불어넣어 준 으뜸가는 자는 카루다이니라"고 말씀하시며 그를 제일인자로 내세웠다.

샤카족 사람들은 세존이 도착하시자 "우리들 친족 가운데 으뜸가는 분을 한 번 뵙자" 하고 모여들어 세존이 머무실 만한 장소를 서로 의논하여 "니그로다 동산이 가장 적당하겠구나" 결정한 후 그곳에 모든 준비를 하였다.

그들은 향긋한 꽃을 들고 부처님을 맞으러 나갔다. 갖가지 장신구를 몸에 두른 성안의 소년소녀들을 사자로 선두에 보내고 그 뒤로 왕족 자녀들이 가게 하고 이어 자신들도 향긋한 꽃가루로 공양드리면서 세존을 맞이하고자 니그로다 동산으로 모였다. 그곳으로 세존께서는 번뇌를 다한 2만 명의 비구들을 거느리고 와서 준비된 최상의 부처님의 자리에 오르셨다.

원래 샤카족은 매우 자만심이 높고 콧대가 센 종족이었다. 그들은 "싯닷타 태자는 우리보다 나이가 어리고 우리의 동생뻘이거나 조카뻘이 되거나 자식, 손자뻘이 되는 사람이다”하며 나이 어린 왕족 소년들에게 말하였다.

“그대들은 세존께 예배하라. 우리는 그대들 뒤에 앉아 있겠다.”

이리하여 그들이 앉자, 세존께서는 그들의 심중을 꿰뚫어보시고 ‘친척들은 내게 예배하지 않을 셈이구나. 저들에게 예배를 하게끔 해야겠다’라고 생각하시고 신족통(神足通)[112]을 일으키는 선정에 드시었다. 선정에서 나와 공중으로 날아오르시어 마치 왕족들의 머리 위에 발바닥 먼지를 흩뿌리듯 하시는, 저 간단바나무 아래에서의 한 쌍의 기적과 같은 신기한 모습을 일으키셨다.

왕은 그 부사의한 일을 보고 말하였다.

“세존이시여! 당신께서 탄생하셨던 날에 선인 칼라데바알라에게 예배하기 위해 당신을 모시고 갔을 때, 당신의 발이 날아올라 그 바라문 머리 위로 올랐을 때의 모습을 보고 저는 당신께 예배하였습니다. 이것이 저의 첫 번째 예배입니다. 파종일에 당신께서 잠부나무의 그늘 아래 행운의 침상에 앉아 계셨을 때 잠부나무 그림자가 움직이지 않았던 광경을 보았을 때도 당신의 발 아래 예배하였습니다. 이것이 두 번째 예배입니다. 이제 또한 지금까지 볼 수 없었던 이 기적을 보고 당신의 발에 예배합니다. 이것이 저의 세 번째 예배입니다.”

이리하여 왕이 세존께 예배드리자 그때까지 세존께 예배드리지 않고 물끄러미 앉아 있던 샤카족 사람들은 한 사람도 빠짐없이 모두 예배하였다. 이렇게 하여 세존은 친족들에게 예경을 받으시고 공중에서 내려와 준비된 자리에 앉으셨다.

세존이 자리에 앉으셨을 때 친족들은 그 절정에 달해 있었다. 모두들 마음을 집중시키고 앉아 있었다. 그러자 커다란 비구름이 몰려와 연잎이 빗줄기처럼 쏟아졌으며 적동색 물이 힘차게 쏟아져 내려 젖고 싶어하는 사람은 흠뻑 젖고 젖기를 원하지 않는 사람의 몸에는 물방울조차도 튕기지 않았다. 이것을 보자 모든 사람은 참으로 불가사의하고 신기한 일도 다 있다고 생각하면서 "정말 불가사의하도다. 정말 기이하도다"라며 서로 수근거렸다.

스승은 "나의 친족들이 모인 곳에 연잎의 비가 내린 것은 이때뿐만이 아니다. 이전에도 있었던 일이다"하고 말씀하시며 그 뜻을 나타내기 위해 〈벳산타라 쟈타카(본생경 오백마흔일곱 번째 이야기)〉를 이야기하셨다.

설법을 듣고 나서 모두들 선 채로 예배하고 그곳을 떠나갔다. 그러나 왕과 왕의 대신 가운데 "내일은 저의 공양을 받아주소서"라고 말하는 사람은 하나도 없었다.

다음날 스승은 2만 명의 비구를 거느리고 카필라 성으로 탁발하러 가셨다. 그러나 식사에 초대하거나 발우

를 받아서 먹을 것을 넣어주는 자는 단 한 사람도 없었
다. 세존은 성의 입구에 있는 기둥에 서서 생각에 잠기
셨다.

'과거의 부처님들은 어떻게 고향에서 탁발을 하셨을
까? 멀리에까지 권력자의 집으로 가셨을까? 그렇지 않
으면 순서를 밟아 집집마다 탁발하러 돌아다니셨을까?'

그러자 부처님들은 먼 곳까지 가신 적이 한 번도 없
었음을 아시고 '나도 이제 그 전통과 관습을 그대로 밟
아야겠다. 장차 나의 제자들도 나를 따라 탁발의 의무를
수행하게 되리라' 생각하시고 제일 끝에 있는 집부터
순서대로 탁발을 시작하셨다.

그러자 "저토록 고귀하신 싯닷타 태자가 탁발하고 계
신다" 하며 2층 건물이나 3층 건물, 그리고 그보다 더
높은 궁궐의 창을 열고 수많은 사람들이 넋을 잃고 구
경하였다.

라훌라의 어머니인 태자비도 '저 기품 있는 분은 예
전에는 바로 이 도시에서 왕의 막강한 권력으로 황금가
마에 올라 계셨는데 지금은 머리를 빡빡 깎고 누런 옷
을 몸에 두른 채 손에 발우를 들고 탁발하고 계신다. 하
지만 아름다운 모습을 하고 계실지도 모를 일이지' 하
고 생각하며 창을 열고 바라보았다.

그리고 세존이 찬란한 몸의 빛으로 성의 큰길을 비추
고, 한 발〔一尋〕의 빛을 주위에 놓아서 80가지의 몸의

세밀한 특징을 빛내고 32가지의 위대한 인간의 징조로
장식된 비할 바 없는 아름다움으로 빛나고 계시는 모습
을 보았다. 그리고는

차분하여 푸르고 부드러우며
곱슬거리는 저 머리카락,
태양처럼 드맑고 반듯한 이마,
가지런하고 높고 부드러운 코,
번쩍이는 빛을 내뿜는 사자와도 같은 사람.

으로 시작하는 8가지 '사자 같은 사람'의 게송으로 극구
찬양하면서 "당신의 아들이 탁발하고 계십니다"라며 왕
에게 알렸다.
　왕은 크게 놀라 손으로 옷자락을 잡고 황망히 성을
달려나가 급히 세존 앞으로 나가서 말하였다.
　"존귀하신 스승이시여! 어찌하여 당신은 저희들에게
수치심을 일으키게 하시며, 무엇 때문에 탁발을 하시며,
어째서 '이렇게 많은 비구들의 식사를 얻기는 불가능하
다'고 생각하시나이까?"
　"부왕이여! 이것이 우리의 관습입니다."
　"존귀하신 스승이시여! 우리는 왕족 마하산마타 집안
의 혈통입니다. 우리의 혈통을 지닌 이들 중에 걸식을
한 이는 한 사람도 없었습니다."

"부왕이시여! 그 왕가의 혈통이라는 것은 당신의 혈통입니다. 그러나 우리의 혈통은 디팜카라, 콘단냐로부터 캇사파에 이르기까지 부처님의 혈통인 것입니다. 그분들과 그 외 수천의 부처님들은 걸식을 하셨으며 걸식으로 생명을 유지하셨습니다."
세존은 이렇게 말씀하시며 큰길 한가운데에 서서,

홍분하지 마시오. 게을러서는 안 됩니다.
도리에 맞는 선행을 하십시오.
도리에 맞는 행을 한 사람은 편안할 것입니다.
이 세상에서도, 저 세상에서도.

라는 게송을 노래하셨다. 노래를 마치자 왕은 예류과에 도달하였다. 그리고 그후

도리에 따르는 선행을 하십시오.
도리에 어긋나는 악행을 해서는 안 됩니다.
도리에 맞는 행을 한 사람은 편안할 것입니다.
이 세상에서도, 저 세상에서도.

라는 게송을 듣고 일래과에 도달했으며 그후 〈담마팔라 쟈타카(본생경 삼백쉰여덟 번째, 사백마흔일곱 번째 이야기)〉를 듣고 불환과에 들었으며 숨을 거둘 때에는 하

얀 차양 아래 침상에 누운 채로 아라한과에 들었으므로
왕에게는 숲에 머물러 정진할 필요가 없었다.

그런데 왕은 예류과를 체득하자 세존의 발우를 받아
들고 모든 비구들과 함께 세존을 커다란 궁전으로 모셔
서 훌륭한 딱딱한 음식과 부드러운 음식을 올렸다. 공양
을 마치자 라훌라의 어머니를 제외한 모든 궁전의 여인
들이 몰려와 세존을 예배하였다.

라훌라 어머니는 시녀가 "어서 행차하시어 저 고귀한
분께 예배를 올리소서" 하고 권했지만 "만약 내게 덕이
있다면 저 고귀한 분은 스스로 내게 오실 것이다. 그렇
게 된다면 예배하리이다"라고 말하며 나오지 않았다.

세존은 왕에게 발우를 건네고 나서 으뜸가는 두 명의
제자를 거느리고 태자비의 침전으로 가서 "태자비가 제
편한 대로 예배하여도 아무런 말을 해서는 안 된다" 하
고 말하고 준비된 자리에 앉으셨다.

그녀는 급히 달려와 자기가 생각한 대로 세존의 복사
뼈를 잡고 그 발에 자기의 머리를 부비며 예배하였다.
그러자 왕은 세존에 대한 지극한 애정의 덕이 태자비에
게 갖추어져 있음을 세존께 이야기했다.

"존귀하신 스승이시여! 제 며느리는 당신이 누런 옷
을 입고 계신다고 듣자 자신도 누런 옷을 입었으며, 당
신이 하루에 한 끼의 식사를 한다고 듣자 자신도 하루
에 한 끼의 식사밖에 들지 않았으며, 당신이 커다란 침

상에서 더 이상 잠을 자지 않는다고 듣자 자신도 얇은 형겊으로 만든 잠자리에서만 잠을 잤으며, 당신이 꽃다발이나 향 따위를 사용하지 않는다고 듣자 자신도 꽃다발이나 향을 쓰지 않았습니다. 또 나의 친척이 '번거로운 일을 돌보아드려라' 하며 하인을 보내와도 한 사람의 친척도 만나려고 하지 않았습니다. 존귀하신 스승이시여! 저의 며느리는 이러한 덕을 갖추고 있었던 것입니다."

세존은 "대왕이시여! 지금 태자비가 성숙한 지혜로써 당신의 보호에 의해 자신을 보살핀 것은 부사의한 일이 아닙니다. 그녀는 전생에 보호자도 없이 산기슭을 떠돌아다녔을 때에도 아직 성숙치 못한 지혜밖에는 가지지 못했음에도 불구하고 스스로를 잘 보살폈던 것입니다" 하고 말하며 〈챤드긴나라 쟈타카(본생경 사백여든다섯 번째 이야기)〉를 말하며 자리에서 일어나 떠나갔다.

두 번째 날, 난다 왕자의 즉위와 새 궁전의 축하와 결혼축제가 열리고 있었을 때에 세존은 그의 집으로 가시어 왕자를 출가시키고자 생각하시어 축사를 말하고는 나와서 떠나가셨다. 난다 왕자의 아내인 쟈나파다칼루야니는 왕자가 세존을 따라가는 모습을 보고 "왕자시여! 얼른 돌아오십시오"라고 말하며 목을 길게 빼고 전송하였다.

그러나 그는 세존께 "발우를 받아 주십시오"[113]라고

말하지도 못한 채 세존을 따라 정사까지 가버렸다. 왕자
는 출가를 희망하지 않았지만 세존은 그를 출가시키셨
다. 이렇게 해서 세존은 카필라 성으로 가시어 3일째 되
는 날에 난다를 출가시킨 것이다.

7일째에 라훌라의 어머니는 아들을 단정하게 차려 입
히고 말하였다.

"보십시오. 왕자여! 2천 명의 사문을 거느린 저 황금
처럼 빛나는 범천과 같은 사문, 저분이 그대의 아버님입
니다. 저분은 매우 많은 재산을 갖고 계셨지만 출가하신
이래 거기에 손을 댄 적이 한 번도 없었습니다. 저분이
계신 곳으로 가서 '아버님! 저는 왕자입니다. 즉위하면
저는 전륜왕이 될 것입니다. 제게는 재산이 필요합니다.
재산을 물려 주십시오. 자식은 아버지 재산의 상속인이
아닙니까?' 하고 아뢰어 재산을 물려받으십시오."

왕자는 곧 세존께 가서 아버지를 향한 애정으로 기쁜
마음에 "사문이시여! 당신의 그림자 한가운데에 있자니
참으로 행복합니다" 하고 말하며 그 외에도 자기에게
편리한 말들을 하며 서 있었다.

세존은 공양을 마치시고 축복의 말씀을 하시고 자리
에서 일어나 떠나가셨다.

그러자 왕자는 "사문이시여! 제게 재산을 물려주사이
다" 하고 말하면서 세존을 따라갔다. 세존은 왕자를 돌
려보내지 않으셨다. 왕자의 몸종들도 돌아서지 못한 채

세존을 따라갔다. 이렇게 해서 왕자는 세존과 함께 동산으로 오게 되었다.

세존은 '이 아이는 부친이 갖고 있는 재산을 갖고 싶어 고뇌로 가득 찬 윤회의 소용돌이에 빠져 버리게 되었구나. 이제 이 아이에게는 깨달음의 도량에서 얻을 수 있는 일곱 가지 보물을 주어 출세간의 재산의 소유자가 되게 하리라' 이렇게 생각하시며 존자 사리풋트라에게 "사리풋트라여! 이러이러한 연유로 그대는 왕자 라훌라를 출가시키도록 하라"고 말씀하셨다.

그러나 왕자 라훌라의 출가는 부왕에게 더할 수 없는 고통이었다. 왕은 그 고통을 견딜 수 없어 세존께 "존귀하신 스승이시여! 부디 높으신 분들께서 부모의 승락을 얻지 못한 아이는 출가시키지 않도록 하여 주소서" 하고 간절히 청하였다. 세존은 그 간청을 받아들이셨다.

다음날, 궁전에서 공양을 마치신 세존께서는 옆에 앉아 있던 왕으로부터 이야기를 들었다.

"존귀하신 스승이시여! 당신이 고행을 하고 계실 때에 어떤 천인이 제게로 와서 '그대의 아들은 죽었습니다'고 말한 적이 있는데 저는 그 말을 믿지 않고 '내 아들은 깨달음에 이르기 전에는 죽지 않을 것이오' 하고 말하며 천인의 말을 부정했었습니다."

세존은 "왕께서는 전생에도 누군가가 뼈를 보여주며 '당신의 아들은 죽었다'라고 말했을 때에도 믿지 않으셨으므로 지금도 그러한 것을 믿지 않으셨던 것입니다"
라고 말하며 그것을 설명하기 위해 〈마하담마팔라 쟈타
카(본생경 사백마흔일곱 번째 이야기)〉를 설하셨다. 이
야기가 끝났을 때에 왕은 불환과에 도달하였다.

이리하여 세존은 부왕을 세 가지 경지에 도달케 한
후 비구들을 거느리고 다시 라쟈가하 성으로 오시어 시
타 숲에 머무셨다.

기원정사 이야기

그 무렵, 아나타핀디카라 이름하는 부호가 5백 대의
수레에 짐을 가득 싣고 라쟈가하 성에 살고 있는 절친
한 친구인 부호의 집을 찾아갔다가 그곳에서 세존이 세
상에 나시었음을 전해 듣고 아침 일찍 천인의 위력으로
열려진 문으로 들어가 스승이 계신 곳으로 다가가 가르
침을 듣고 예류과에 도달하였다.

그는 다음날 세존의 승단에 많은 보시를 하고 스승을
사밧티 성으로 모시고자 약속하였다. 그는 가는 도중 45
요자나마다 10만 금을 보시하고 사방 1요자나 크기의 정
사(精舍 : 사원)를 세우고 제타 왕자의 숲에 금을 깔아
서 1억8천만의 금으로 그것을 사들여 공사를 시작했다.

그는 제타 숲의 한가운데에 열 가지 힘 갖춘 분을 위

한 향방(香房)을 만들었다. 향방의 주위로 80인의 장로들이 각기 거주할 방을 만들고 외겹의 벽으로 만들어진 방, 이중벽으로 만들어진 방, 벽에 하얀 새나 메추라기 그림을 그린 방, 긴 강당, 천막이 쳐진 오두막 같은 거처, 그리고 연못과 경행처, 밤에 쓸 장소, 낮에 쓸 장소 등, 1억8천만 금의 비용을 들여서 쾌적한 장소에 거주하기 좋은 정사를 세우고 열 가지 힘 갖추신 분이 오시도록 사람을 보냈다.

스승은 사람이 가져온 전언을 들으시고 수많은 비구 승단을 거느리고 라쟈가하 성을 떠나 이윽고 사밧티 성에 도착하셨다.

한편 대부호(아나타핀디카)는 정사의 낙성식 준비로서 세존께서 제타 숲에 들어오시는 날에는 아름다운 장신구로 아들을 치장시켜서 똑같이 치장한 5백 명의 소년들과 함께 맞이하러 나가도록 하였다. 사람을 거느린 아들은 오색 천으로 만든 5백 개의 깃대를 들고 열 가지 힘 갖추신 분의 선두를 맡았다.

그들의 뒤에는 마하수바타와 율라수바타라 이름하는 부호의 두 딸이 5백 명의 소녀들과 함께 물이 가득 찬 병을 가지고 따라갔다. 그녀들 뒤에 부호의 아내가 아름답게 치장하고 5백 명의 여인들과 함께 음식이 든 발우를 가지고 따라갔다. 그들 뒤에 부호 자신이 새 옷을 입고, 역시 새 옷을 갖춰 입은 5백 명의 부호들과 함께 세존의 앞을 걸어나갔다.

세존은 이 재가신도들이 선두를 선 행렬에 수많은 비구승단을 거느리고 몸에서 비쳐지는 빛으로 숲속을 영롱한 붉은색으로 빛내시며 무한한 부처님의 아름다움과 비할 데 없는 부처님의 영광으로 제타 숲의 정사에 도착하시었다.

그때 아나타핀디카가 세존께 아뢰었다.

"존귀하신 스승이시여! 저는 이 정사를 어떻게 해야 되나이까?"

"자산가여! 이 정사를 여기에 와 있건 와 있지 않건 가리지 말고 널리 비구승단에 기증하시오."

"그리하겠나이다. 스승이시여!"

라고 말하고 부호는 황금물병을 들고 열 가지 힘 갖추신 분의 손에 물을 부으면서 "이 정사를 여기에 와 계시든 와 계시지 않든 가리지 않고 널리 세존과 사방의 비구승단에 기증하겠나이다"하고 말하며 기증하였다.

스승은 정사를 받으시고 축복의 말씀을 하시며

춥고 더움을 사람은 피한다.
그리고 맹수며 야수를,
뱀과 거미와 냉랭한 비를.

그리고 혹독한 열풍이 몰아치면

사람은 몸을 피한다.
재난을 피하려고,
안락을 위하여, 선정을 위해,
관조를 위해 정사를 승단에 바치는 일은
으뜸가는 일이라고 부처님은 찬탄한다.

그러므로 어진 이는
그것이 자기를 위한 일인 줄 알고
쾌적한 정사를 만들어
그곳에서 학식높은 이들을 머물게 해야 한다.

그들에게 먹을 것과 마실 것,
옷과 방석 등을 주는 것이 좋다.
올바른 사람에게 청아한 마음으로.

그들은 그 사람에게 가르침을 베풀어
모든 고통을 없애준다.
그리고 그 사람은 가르침을 잘 이해하여
번뇌를 없앤 완전한 열반을 취한다.

라고 정사 건립의 공덕을 설하셨다.
　　아나타핀디카는 2일째부터 정사의 낙성식을 시작하였
다. 미갈라의 어머니 비사카의 강당 낙성식은 4개월로

끝났지만 아나타핀디카가 세운 정사의 낙성식은 9개월이나 지나서 끝났다. 그 축하연에는 1억8천만 금의 비용이 들었으므로 이 정사에는 모두 5억4천만 금의 재산이 희사된 것이다.

또한 과거 비팟싱 부처님 때에도 푸낫바수밋타라 이름하는 부호가 황금기와를 깔아 토지를 사서 그곳에 1요자나 크기의 승가람[사원]을 세웠다. 또 시킴 부처님 때에는 실리밧다라 이름하는 부호가 황금널빤지를 깔아서 토지를 사고 그곳에 3가우터 크기의 승가람을 세웠다. 벳사브 부처님 때에는 소티야라 이름하는 부호가 코끼리 발자욱 크기의 황금을 깔아서 토지를 산 후 그곳에 반 요자나 크기의 승가람을 세웠다.

또한 카크산다 부처님 때에도 앗츄타라 이름하는 부호가 황금기와를 깔아 토지를 사서 그곳에 1가우터 크기의 승가람을 세웠으며, 코나가마나 부처님 때에도 욱가라 이름하는 부호가 황금으로 만든 거북이를 깔아서 토지를 사고 그곳에 반 가우터 크기의 승가람을 세웠다. 또한 캇사파 부처님 때에도 수만가라라 이름하는 부호가 황금기와를 깔아서 토지를 사고 그곳에 16칼리사 크기의 승가람을 세웠다.

그리고 우리들의 부처님 때에는 부호 아나타핀디카가 천만 카하파나의 금화를 깔아서 토지를 사고 그곳에 8칼리사 크기의 승가람을 세웠다. 이곳은 그 어떤 부처님에게서도 결함이 없는 곳이었다.

　이와 같이 깨달음의 도량에서 일체를 환히 아신 분이 되신 이래, 위대하고 완전한 열반의 자리에 누우시기까지 세존께서 어디에 계셨는가를 이야기하는 이것을 〈가까운 인연 이야기〉라 이름한다.

역 주

1) 서(序) : 이 序는 팔리원전의 쟈타카(본생경), 즉 구체적으로
는 니다나카타(인연 이야기)의 첫머리에 있는 서이다. 이 序는
아마 이 니다나카타의 편자가 쓴 序가 아닌가 생각된다. 여기
서 편자는 니다나가타를 크게 〈오랜 인연 이야기〉·〈그다지 오
래지 않은 인연 이야기〉·〈가까운 인연 이야기〉로 나누고 있는
까닭과 쟈타카(본생 이야기)를 분명하게 알기 위하여 먼저 니
다나카타를 서술하는 까닭, 그리고 본 니다나카타 성립의 전후
사정을 대략적이나마 설명하고 있다. 따라서 본 序를 자세히
음미한다면 쟈타카의 성립에 대한 전후 사정도 대략은 알 수
있게 하고 있다. 그리고 이 니다나카타는 전체 쟈타카의 서론
격에 속한다.

2) 불·법·승 삼보 : 깨달음을 연 사람을 붓다, 불타(佛陀), 불
(佛), 그리고 그 가르침을 담마(법), 그것을 신봉하는 수행인의
교단 다시 말하면 승단을 상가(승)이라고 한다. 이 세 가지를
보석에 비유하여 삼보라고 하는데 이 삼보에 절대적인 믿음의
정성을 올리는 일을 삼귀의(三歸依)라 한다. 즉 '부처님께 귀
의하여 모시겠다' '법에…' '승가에…'라는 세 구절을 세 번
소리내어 외움으로써 불교인이 된다. 따라서 삼귀의는 불교인
이 되기 위한 근본조건이며 불교의 계율을 준수할 것을 맹세함
으로써 불교인이 되는 경우, 삼귀의를 특히 삼귀계(三歸戒)라
고 한다.

3) 〈아판나카 쟈타카〉 : 첫 번째 본생 이야기로서 '확실하고 올바

른 길'로 번역되어 있다(본 민족사판 본생경 ② p. 452 참조).

4) 《쟈타카》 : 부처님이 전생에 보살로서 또는 수행자의 몸으로
지냈을 때, 많은 사람과 생류를 구제한 선행을 집대성하여 편
찬한 이야기. 《쟈타카》 가운데 몇 개의 이야기는 《이솝 이야기》
《아라비안 나이트》 등에 영향을 미쳤고 일본의 《今昔物語》《宇
治捨遺物語》 등의 불교설화 속에서도 찾아볼 수 있다. 여기에
번역된 《니다나카타》는 이 《쟈타카》의 서론의 형식을 띠고 있
다.

5) 마하비하라 : 큰 절, 커다란 정사라는 뜻으로 스리랑카의 아눌
라다플라에 있으며 스리랑카에 있어 상좌부 불교(테라바다)의
본거지가 된 사원.

6) 화지부(化地部) : 부처님 입멸 후 3백 년경, 상좌부 불교에서
분파한 일파로 당시 불교를 배우고 수행하던 20부파 가운데 하
나.

7) 보살(菩薩) : 아직 부처님〔覺者〕이 되지 못했지만 장래 반드시
부처님이 될 것으로 예정되어 있는 사람. 다시 말하면 깨달음
의 완성을 추구하여 수행하는 사람으로서, 여기서는 깨달음을
얻기 이전의 석가세존의 호칭으로 쓰이고 있으며, 본생경의 주
인공이다.

8) 대사(大士) : 위대한 사람이란 뜻으로, 보살을 달리 부른 말이
다.

9) 벳산타라 왕자 : 전생에 부처님이 보살로 있었을 때의 이름.

10) 도솔천(兜率天) : 불교에서는 본능(식욕, 성욕, 수면욕)이 지
배하는 욕망의 세계에 여섯 하늘이 있다고 하는데 그 중 네
번째 하늘을 말한다. 이 도솔천의 도량은 장래 부처가 될 보
살이 자신의 머물 곳으로 삼으며 부처님도 일찍이 여기에서
수행하셨다는 사실이 이 인연 이야기에 의해서도 나타나고
있다.

11) 4아산키야 : 스리랑카, 타이, 미얀마 등지에서 전해겼던 남방

불교의 우주론에 의하면 우주는 무한히 생성과 소멸을 되풀이한다고 한다. 그 가운데 하나의 주기는 괴겁(壞劫 : 세계가 무너져 가는 기간), 괴주겁(壞住劫 : 空劫이라고도 하며 다음 세계 생성까지의 허공뿐인 기간), 성겁(成劫 : 새로운 세계가 생성하는 기간), 성주겁(成住劫 : 住劫이라고도 하며 세계가 이루어진 그대로의 상태가 이어지는 기간)이라는 네 기간으로 나누어진다. 그 하나의 기간에 소요되는 시간을 아산키야라 부른다(이 아산키야는 헤아릴 수 없다는 뜻이며, 장대한 숫자의 단위를 나타내기도 한다). 이 네 기간을 합한 하나의 우주의 주기(4아산키야)를 '대겁(大劫)'이라고 부르고 단순히 '겁(劫)'으로 표현하기도 한다.

12) 수메다 : 여기서 수메다는 바로 부처님, 즉 석존의 전생을 가리킨다. 석존은 과거세에 수메다라는 수행자로서 수없이 많은 생을 거듭하면서 선근공덕을 쌓았다.

13) 바라문(婆羅門) : 인도의 사제자이며 주로 베다성전을 학습·교수(敎授)하고 여러 가지 제사를 담당하는 임무를 가진 사람. 인도사회의 계급제도〔四姓〕에서 제일 높은 위치에 있다.

14) 출리(出離) : 세속적인 것, 인간적 욕망을 떠난 것으로 일상생활을 떠나 집을 나와 수행을 닦아나가 도달하는 해탈의 상태.

15) 다섯 가지 결점 : 불제자가 경을 염송하면서 경내를 경행할 경우의 좋지 못한 다섯 가지 결점을 가리키며 그것은 다음과 같다.
① 지면이 견고하거나 평탄하지 못한 것 : 만약 이같은 상태의 장소를 불제자가 경행하게 된다면 발에 상처를 입거나 종기가 터지는 등 마음을 한 곳에 집중시킬 수 없는 결점이 있다.
② 경내에 나무가 있는 것 : 만약 나무가 경내의 중앙이나 가장자리에 있다면 경행 중에 이마나 머리를 부딪쳐 다치는 결점이 있다.

역　주

241

③ 건물이 풀이나 덩굴로 뒤덮여 있는 것 : 요컨대 어둠 속에 경행하는 일이 있을 때 뱀이나 다른 생물을 죽이거나 또는 보고 놀라므로 우거진 숲으로 뒤덮여 있는 것도 결점이다.

④ 지나다니기에 너무 좁은 것 : 걸어다니는 장소가 팔길이 정도라든가 그 반 정도의 폭일 경우 허둥거리다 손톱이 벗겨진다든가 손가락을 다치게 되므로 이것도 결점이다.

⑤ 지나다니기에 너무 넓은 것 : 걸어다닐 때 마음이 산란하고 방황하여 한 곳에 집중시킬 수 없으므로 이것도 결점이다.

16) 여덟 가지 이로움 : ① 재산이나 곡식을 소유하지 않는 것 ② 불상사가 없이 탁발을 하는 데에 적절한 것 ③ 탁발에 의해 얻은 것을 고요한 마음으로 먹을 수 있는 것 ④ 왕이 권력에 의해 사람들로부터 재산이나 금품을 빼앗을 경우 그것은 왕족이 인민을 억압하는 것이 되지만 불제자가 탁발할 경우는 인민을 괴롭히는 일이 되지 않는다는 것 ⑤ 다른 이의 이로움을 제것이게 하고자 바라지 않는 것 ⑥ 도둑으로부터 물건을 빼앗길 공포가 없다는 것 ⑦ 왕이나 대신들과 교류하지 않는 것 ⑧ 사방으로 걸림이 없는 것. 이상의 여덟 가지 이로움을 가리키며 출가수행자의 즐거움이라고도 한다.

17) 경행처(經行處) : 좌선을 하다가 몰려드는 졸음에서 깨기 위해 가볍게 걷거나 오가는 일정한 장소.

18) 아홉 가지 결점 : ① 아주 비싼 옷 ② 타인에 의해 만들어진 옷 ③ 쉽게 때를 타고 나아가 더럽혀진 후에 씻거나 동시에 염색하지 않으면 안 되는 옷 ④ 오래 입어 헤졌을 경우 다시 꿰매거나 헝겊을 덧대지 않으면 안 되는 옷 ⑤ 두 번씩 손에 넣어지지 않는 옷 ⑥ 출가고행자에게 어울리지 않는 옷 ⑦ 외부의 적과 함께 사용할 수 있는 의복으로 더구나 그것을 외부의 적에게 빼앗기지 않으려고 지켜야만 하는 옷 ⑧ 입었을 때 장식품과도 같이 되는 옷 ⑨ 여행할 때 짐스러워도 꼭 가지고 가고 싶은 옷. 이상과 같이 부적당한 의복을 가리킨다.

19) 열두 가지 이로움 : ① 저렴한 가격의 적당한 옷 ② 자신이
직접 만든 옷 ③ 때가 잘 타지 않으며 설령 더러워져도 세탁
하기 쉬운 옷 ④ 오래 입어도 다시 바느질할 필요가 없는 옷
⑤ 다시 손에 넣기 쉬운 옷 ⑥ 출가고행자에게 어울리는 옷
⑦ 외부의 적에게 빼앗겨도 그들에게 이익되지 않는 옷 ⑧ 입
어도 장식품이 되지 않는 옷 ⑨ 입어서 가벼운 옷 ⑩ 의복에
대해 욕망이 일어나게 하지 않는 옷 ⑪ 올바로 만들어진 나무
껍질 옷과 같은 옷 ⑫ 없어져도 애석한 마음이 일어나지 않는
옷. 이상의 열두 가지 이로움을 갖추고 있는 의복을 가리킨다.

20) 여덟 가지 결점 : ① 많은 사람들이 고생하여 모든 재료를 조
립해서 짓지 않으면 안 되는 집 ② 풀이나 나뭇잎이 떨어지면
재차 수리하지 않으면 안 되므로 언제나 보수를 해야만 하는
집 ③ 방석이나 침상과 같은 것은 노인에게는 필요하겠지만
그것을 취하여 사용하다가 갑자기 일어나게 된 사람은 마음
을 한 곳에 집중시킬 수 없으므로 타인에게 일으켜 달라고 해
야만 하는 집 ④ 몸을 허약하게 만들어 추위와 더위를 막아야
하는 집 ⑤ 집에 들어간 자는 어떠한 악한 일도 저지를 수 있
다는 비난을 덮고 숨기게 하는 집 ⑥ 자신의 것이라는 집착심
을 일으키는 집 ⑦ 집이 있다는 것이 곧 자신의 분신이 있다
는 기분이 들게끔 해주는 집 ⑧ 이나 빈대, 도마뱀 따위와 함
께 사는 것은 수많은 것과 동거하게 되는 것이므로 이러한 것
이 살고 있는 집. 이상의 여덟 가지가 거처하는 데에 있어 결
점이다.

21) 열 가지 이로움 : ① 수고를 기울인 집이 아닌 것, 다시 말하
면 단지 그곳에 갈 수 있기 위해 머무는 집 ② 항상 보수할
필요가 없는 집, 다시 말하면 청소를 하건 하지 않건 사용하
기에 쾌적한 집 ③ 몸을 일으켜야만 할 필요가 없는 집 ④ 옥
외와 마찬가지로 몸을 차단하는 것이 없는 집 ⑤ 악한 일을
가리고 숨길 필요가 없는 집, 다시 말하면 그곳에서 만약 악

한 일이 행해져도 곧 발견되어 부끄러워하는 마음이 생기게 하는 집 ⑥ 집착심을 일으키지 않는 집 ⑦ 옥내생활의 애착심을 버리게 하는 집 ⑧ 많은 자가 함께 기거하고 있는 것과 같이 "내가 이 집을 지키고 있으니 그대는 외출하십시오"라며 쫓아내는 일이 없는 집 ⑨ 살고 있는 사람에게 기쁨이 되는 집 ⑩ 나무 아래의 앉고 누울 장소처럼 어디에서나 손쉽게 얻어지므로 애석해하거나 아끼는 마음이 없는 집. 이상의 열 가지 이로움이 있다.

22) 여덟 가지 삼매 : 욕망이 지배하는 세계〔욕계〕의 어리석음을 뛰어넘어, 깨끗한 물질로 이루어진 세계〔색계〕에 나는 네 단계의 선정〔四禪〕과, 물질을 뛰어넘어 순수하게 정신적인 세계〔무색계〕에 나는 네 단계의 선정〔四無色定〕을 합친 것.

23) 다섯 가지 힘〔五力〕: 다섯 가지의 뛰어난 작용. 즉 믿음, 노력, 기억, 선정, 지혜라고 하는 깨달음에 이르기 위한 다섯 가지 힘.

24) 철위산(鐵圍山) : 불교의 세계관에서는 수미산(〔주33〕 '수미산' 참조)을 중심으로 9산8해(九山八海)가 둘러싸여 있는데 그 가장 바깥 부분의 철로 된 산을 철위산이라 한다. 그 가장 외부에 있는 바닷속에 우리가 살고 있는 세계인 잠부주등 4대주가 있다. 또한 삼천세계 각각에 하나의 수미산이 둘러쳐져 있다고도 한다.

25) 열 가지 힘〔十力〕: 부처님에게만 있는 열 가지 지혜의 활동. 즉 ① 이치에 맞는 것과 이치에 어긋나는 것을 판별하는 힘 ② 하나하나의 업(〔주63〕 '업' 참조)의 원인과 그 과보의 관계를 참다이 아는 힘 ③ 선정을 아는 힘 ④ 중생의 가르침을 듣고 수행하고자 하는 능력의 상하우열을 아는 힘 ⑤ 중생의 갖가지 바람을 아는 힘 ⑥ 중생의 본질이나 사물의 원리를 아는 힘 ⑦ 중생이 갖가지 장소(지옥이나, 윤회를 거듭하지 않는 세계인 열반 등)로 향할 것을 아는 힘 ⑧ 자신과 타인의

과거세의 일을 기억하는 힘 ⑨ 중생이 여기에서 죽어 저곳에
난다는 것을 아는 힘 ⑩ 번뇌를 끊은 경지와 그곳에 도달하기
위한 수단을 여실히 아는 힘.

26) 세존(世尊) : 부처님에 대한 존칭. 특히 싯닷타 태자가 보살로
마치고 깨달음을 열어 부처님이 된 후에는 이렇게 부르고 있
다.

27) 육신통(六神通) : 번뇌의 티끌을 버린 아라한([주41] '네 가
지 으뜸가는 경지' 참조)이 갖고 있는 불가사의한 힘. ① 신
족통(마음대로 나타내는 지혜의 힘) ② 천안통(자신과 타인의
미래의 모습을 환히 내다보는 지혜의 힘) ③ 천이통(보통 사
람이 들을 수 없는 소리를 듣는 지혜의 힘) ④ 타심통(타인의
마음을 꿰뚫는 지혜의 힘) ⑤ 숙명통(자신과 타인의 과거세상
의 모습을 아는 지혜의 힘) ⑥ 누진통(번뇌를 모두 다 끊은
지혜의 힘). 이상을 6신통이라 하며 이 가운데 숙명, 천안, 누
진의 세 가지는 과거·미래·현재의 일에 통하는 힘으로 특
히 3명(三明)이라 한다. 또한 6신통 가운데 누진통을 제외한
것을 5신통이라 하여 불교 이외의 외도에도 5신통이 있음을
추측할 수 있다.

28) 여덟 가지 덕성 : ① 사람이어야 할 것 ② 완전한 남성이어야
할 것 ③ 깨달음을 얻을 인연이 있어야 할 것 ④ 큰 스승(부
처)을 만나야 할 것 ⑤ 출가를 할 것 ⑥ 덕을 갖출 것 ⑦ 부
처님에 대해 최선을 다할 것 ⑧ 수행에 강한 뜻을 지녀야 할
것. 이들 여덟 가지 덕성이 모아져야만 비로소 부처가 되려는
굳은 마음이 성취되는 것이다.

29) 삼계(三界) : 중생이 생사윤회를 되풀이하는 미혹의 세 가지
세계. 욕계, 색계, 무색계를 합해서 삼계라 하며, 중생이 사는
세계 전체를 가리킨다. 욕계란 가장 하위에 있으며 욕망이 충
만하게 지배하는 세계로 본능적 욕망이 아주 강하다. 욕계 중
에는 지옥, 아귀, 축생, 아수라, 인간, 하늘의 6도(六道, 六趣)

역　주

245

가 있으며, 욕계의 하늘(신들)은 6욕천(六欲天)이라고 불린다.
색계란 욕계 위에 위치해 있으며 욕계의 티끌을 떠나 물질적
인 것〔色〕 모두가 아주 깨끗한 세계. 색계에는 사선(四禪)이
있다. 무색계는 가장 위에 위치해 있으며 욕계, 색계를 뛰어넘
은 고도의 정신적 요소만으로 이루어진 세계로 사무색정(四
無色定)이 있다.

30) 우유죽 : 커다란 그릇에 들소의 젖을 가득 채워 아궁이 위에
놓고 잘 졸여진 우유 속에 쌀을 조금 넣고 꿀과 사탕수수와
녹인 버터를 함께 휘저어 조리한 죽을 가리킨다.

31) 무색계(無色界) : 〔주29〕 '삼계' 참조.

32) 네 가지 단계 : ① 수행승으로서 많은 계율의 조항을 준수하
여 그 몸을 제어하는 일 ② 감각기관을 제어하는 일 ③ 생활
을 청정하게 하는 일 ④ 수행승에게 허락된 일상생활의 필수
품에만 의지하는 일의 네 단계.

33) 수미산(須彌山) : 팔리어로 수메르라고 한다. 불교의 세계관
에서 1만 큰 세계의 중앙에 우뚝 솟았다는 고산. 묘고산(妙高
山)으로 한역한다. 〔주24〕 '철위산' 참조.

34) 나후타 : 인도의 수량의 단위. 지극히 큰 수를 의미하며, 천만
(千萬)이라고도 하고, 천억(千億)에 상당한다고도 한다.

35) 요자나 : 인도의 거리를 재는 단위. 약 10킬로미터 내지 15킬
로미터 정도. 제왕이 하루에 행군하는 거리라고 한다.

36) 야차(夜叉) : 일종의 귀신이기는 하지만 악한 사람을 잡아 먹
고 선한 이를 지켜 준다고 여겨져 왔다. 불교에 섭수되기까지
는 당시 민간신앙에서의 신이었다.

37) 법의 바퀴를 굴리다 : 챠크라라고 하는 무기가 빙빙 돌며 적
을 쳐부수듯이 부처님이 설하신 가르침이 인간들 사이를 회
전해서 어리석음을 쳐부수므로 부처님의 설법을 가리킨다.

38) 라후 : 아수라왕(〔주89〕 '아수라' 참조)의 한 사람으로, 일식
이나 월식은 이 왕이 태양이나 달을 삼키므로 일어난다고 한

다.

39) 삼귀의(三歸依) : [주2] '불·법·승 삼보' 참조.

40) 오계(五戒), 십계(十戒) : 십계란 재가 불교신자가 지켜야 할 열 가지 계로서, 살생, 도둑질, 사음(이상, 몸으로 해서는 안 될 일), 거짓말, 꾸밈말, 욕, 두 말(이상, 입으로 해서는 안 될 일), 탐욕, 성냄, 어리석음(이상, 마음으로 생각해서는 안 될 일)을 떠나는 것. 이 가운데 불살생계, 불투도계(不偸盜戒), 불사음계, 불망어계(不妄語戒) 및 음주의 금계인 불음주계를 오계라 한다.

41) 네 가지 으뜸가는 경지 : 불교의 성자가 수행 정도에 따라 밟게 되는 네 단계. ① 예류(預流 : 성자로 들어섬) ② 일래(一來 : 일정한 번뇌를 끊은 성자가 되지만 단 한 번 미혹한 세계로 돌아오는 단계) ③ 불환(不還 : 욕계의 번뇌를 완전히 끊어서 미혹한 세계로 돌아옴이 없는 단계) ④ 아라한(阿羅漢 : 일체의 번뇌를 끊어 부처님과 가장 가까운 상태가 된 단계).

42) 세 가지 뛰어난 지혜〔三明〕: [주27] '육신통' 참조.

43) 악취(惡趣) : 떨어지는 나쁜 경계 또는 상태. 어리석은 삶〔六道〕 가운데에서도 하늘등에 비교해 열악한 상태인 지옥, 아귀, 축생, 아수라를 말한다. [주29] '삼계' 참조.

44) 다섯 가지 신통〔五神通〕: [주27] '육신통' 참조.

45) 아라한(阿羅漢) : [주41] '네 가지 으뜸가는 경지' 참조.

46) 핵타 : 인도에서의 길이의 단위로, 24지절(指節). 약 50센티미터.

47) 윤보(輪寶) : 여기서는 32상 가운데 하나인 천폭륜상(千輻輪相)을 가리킨다. 부처님의 양 발바닥에 있는 바퀴모양의 지문, 족하이륜상(足下二輪相)이라고도 한다.

48) 전륜왕(轉輪王) : 하늘로부터 보배바퀴를 감득하고 이것을 굴려 사방을 정복한다는 의미에서 온 말. 세계를 정의로써 정복

역 주

하고 지배하는 왕. 당시 인도에 있어 정치가의 이상형이었다.

49) 범천의 세계 : 범천이란 인도 바라문교에서의 세계창조원리로
서, 만유의 근원인 브라흐만을 신격화한 것. 우주창조의 최고
신이었으나 후에 불교에서는 불법의 수호신으로 간주하여 색
계에 속하는 신으로 여겼다. 여기에 범중천(梵衆天), 범보천
(梵輔天), 대범천(大梵天)의 3천이 있는데 여기에서는 대범천
세계를 말한다. [주69] '사대왕천' 참조.

50) 아라한과(阿羅漢果) : [주41] '네 가지 으뜸가는 경지' 참조.

51) 제석천(帝釋天) : 베다의 인드라 신. 후에 불교로 수용되어져
범천(브라흐마)과 함께 불법을 수호하는 수호신이 된다. 삭카
라고도 한다. [주69] '사대왕천' 및 [주82] '삼십삼천' 참조.

52) 열 가지 관상〔十遍處〕: 삼계의 번뇌를 멀리 떠나 보내는 일종
의 선관(禪觀 : 삼매)을 말한다. 지·수·화·풍·청·황·
적·백·공(空)·식(識)의 열 가지에 끝없고 둘이 아닌〔無邊
無二〕 관법을 이루는 일. 즉 널리 두루 미치는 관상(觀想)을
가리킨다.

53) 세 가지 옷〔三衣〕: 승단에서 개인 소유를 허락한 세 종류. 다
시 말하면 대의(大衣)와 7조의(七條衣:上衣), 그리고 5조의(五
條衣 : 中衣)를 가리킨다.

54) 수기(授記) : 다음 생에는 반드시 부처님이 될 것이라는 예언.

55) 4대주(四大洲) : [주24] '철위산' 참조.

56) 승가람(僧伽藍) : 출가한 불제자가 모여서 수행하는 청정하고
한적한 승원(僧園). 즉 절을 가리킨다.

57) 네 종류의 불제자 : 불교교단 가운데 출가한 남녀, 즉 비구와
비구니, 그리고 재가의 남녀, 즉 우바새와 우바이의 네 종류.

58) 법왕(法王) : 진리의 왕, 정의의 왕을 뜻하며 부처님이나 전륜
성왕의 칭호.

59) 보리(菩提) : 깨달음.

60) 무간지옥(無間地獄) : 지옥이란 지하의 뇌옥이라는 뜻으로 고

통이 극에 달한 세계이다. 불교에서는 8열(八熱), 8한(八寒), 고독(孤獨) 등의 갖가지 지옥을 설한다. 무간지옥은 8열지옥 중에서도 가장 고통이 심한 지옥. 고통을 받되 잠시도 사이가 없어[無間] 즐거움이 일어날 수가 없는 지옥을 말한다.

61) 칼라칸쟈카 : 악귀 아수라 중에서도 가장 아래에 위치해 있는 것. 이 칼라칸쟈카에서 목숨을 받으면 극심한 갈증으로 고통을 받아 갠지스강에 빠져도 치유될 수가 없다고 한다.

62) 다섯 가지 죄 : 무간죄(無間罪) 또는 5역죄(五逆罪)라고도 한다. ① 어머니를 죽인 죄 ② 아버지를 죽인 죄 ③ 성자(아라한)를 죽인 죄 ④ 부처님의 몸을 다치게 해 피를 낸 죄 ⑤ 교단의 화합을 파괴하고 분열시킨 죄. 불교에서는 이러한 것이 온갖 죄 중에서도 가장 무겁다고 한다.

63) 업(業) : 행위와 그 행위가 남긴 잠재적인 힘. 몸과 입과 뜻으로 행하는 선악의 행위 내지 그 행위가 후에 영향을 미치는 일.

64) 무상천(無想天) : 모든 마음작용을 멈추는 수행에 의해 도달할 수 있는 경지로, 불교 이외(외도)에서는 이것을 으뜸가는 깨달음의 경지로 삼지만 불교에서는 천계(天界 : 색계 제4천) 가운데 포함된다. [주29] '삼계' 참조.

65) 정거천(淨居天) : 성자가 사는 곳(색계 제4천)으로 다섯 가지가 있다. 즉 무번천(無煩天), 무열천(無熱天), 선현천(善現天), 선견천(善見天), 색구경천(色究竟天)의 다섯 가지로 오직 성인만이 사는 곳인 까닭에 5정거천(五淨居天)이라고도 한다. [주29] '삼계' 참조.

66) 탄성 : 세상에서 진기한 일대사(一大事)가 일어나는 전조로서 천인들이 크게 소란을 피워 그 일을 거리마다 알리고 퍼뜨리는 일.

67) 겁초(劫初) : [주11] '4아산키야' 참조.

68) 욕계(欲界) : [주29] '삼계' 참조.

역 주

69) 4대왕천(四大王天) … 내지 대범천(大梵天) : 세계의 동서남
　　북을 각기 수호하는 신들로서 지국천(持國天), 증장천(增長
　　天), 광목천(廣目天), 다문천(多聞天 : 또는 毘沙門天이라고도
　　한다)의 네 가지를 4대왕천(四大王이라고도 일컫는다)이라 한
　　다. 이 사대왕천을 통솔하는 신으로서 제석천([주51] ‘제석천’
　　참조)이 있고 그 부하신들을 포함해서 삼십삼천([주82] ‘삼십
　　삼천’ 참조)이라고도 한다. 삼십삼천은 수미산([주33] ‘수미
　　산’ 참조)의 정상에 살고 있다고 전해지며 지상에 사는 신들
　　의 가장 높은 위치에 있다. 야마천(夜摩天 : 베다신 야마에서
　　유래한 죽음의 신이므로 후에 지옥을 지키는 염마왕이 되었
　　다)은 하늘에 살고 있는 신의 최하위에 위치한다. 도솔천([주
　　10] ‘도솔천’ 참조)은 장래 부처가 될 보살이 사는 곳으로서
　　불교에서 새롭게 설정한 하늘이며, 그 위에 다른 하늘이 만든
　　욕망의 대상을 자재롭게 즐기는 경지인 타화자재천(他化自在
　　天)이 있다. 이들 사대왕천, 삼십삼천, 야마천, 도솔천, 타화자
　　재천의 다섯 하늘에 낙변화천(樂變化天)을 더하여 욕계의 여
　　섯 하늘〔六欲天〕이라 한다. 이 욕계를 뛰어넘은 색계의 하늘
　　로서 범천(브라흐마)이 있고, 그 범천의 주인이 대범천이다.
　　불교에서는 이외에도 수많은 하늘을 열거하고 있지만 여기서
　　는 낙변화천을 제외하고 대범천을 더한 이 여섯 하늘이 불교
　　를 수호하는 신들을 대표한다고 보아도 좋다.
70) 마왕(魔王) : 욕계에서의 가장 높은 하늘인 타화자재천의 주
　　인이다. 온갖 욕망을 싫증나도록 즐기는 신들의 최고위에 있
　　는 신으로서 그 이름을 파피마라고 한다. 여기에서는 공중에
　　사는 욕계의 하늘을 대표하고 있다.
71) 세 가지 특질 : 모든 현상은 무상(無常)하고 괴로우며〔苦〕 무
　　아(無我)라는 불교의 기본적 진리를 말한다. 그 세 가지 특질
　　은 해탈로 이끄는 것이기 때문이다.
72) 잠부주 : 세계의 중심에 수미산이 있고 그 남쪽에 위치해 있

다는 주(洲)이며, 현재의 인도 및 그 주변에 해당한다. 당시의 인도인에게는 이 주(洲)가 현실의 인간이 생활하는 유일한 장소라고 여겨져 왔기 때문에 이곳은 우리가 사는 인간세계, 바로 그곳을 의미한다. [주24] '철위산' 참조.

73) 독각(獨覺) : 연각(緣覺)이라고도 하며 다른 사람의 가르침을 받지 않고 홀로 깨달음으로 향하는 사람, 혹은 깨달은 사람.

74) 크샤트리아 : 인도 4성계급의 두 번째인 왕족.

75) 아살라 칠석제 : 아살라란 인도달력 제4월(6～7월 무렵)로서, 그 보름날에 달이 웃탈라살라 성좌(인도에 있어 37개 별자리 가운데 하나)에 깃든다고 한다. 그 보름날을 절정으로 하여 여름이 오는 것을 축하하는 칠석제가 행하여진다.

76) 정계(淨戒) : 불교용어로는 포살(布薩)이라고 하며 불교교단에서 스님들이 매월 2회 초승달과 보름달이 뜨는 날에 모여 자기반성과 죄를 참회하는 집회를 갖는다. 재가신자들도 이에 동참해서 이날에는 5계 이외에 나아가 사치스러운 생활을 규제하는 세 가지 계를 지키고 출가자에게 해당하는 청정한 생활을 하며 설법을 듣고 스님에게 공양을 올린다. 여기에서 말하는 정계란 이와같은 재가자가 지켜야 할 여덟 가지 계를 의미한다.

77) 지옥·아귀·축생 : [주29] '삼계' 참조.

78) 네 명의 천자(天子) : 어떤 특정 장소(불탑 등)의 수호를 맡은 야차 따위의 하천한 남자신. 사방을 지켜야 하므로 네 명이다.

79) 라훌라의 어머니인 장래의 비(妃) : 라훌라란 보살(즉 부처님)이 비(妃)와 결혼하여 낳은 유일한 자식. 따라서 그 어머니는 보살(태자)이 장래 결혼하게 되는 야쇼다라 비를 가리킨다.

80) 가우터 : 길이 단위로서, 1요자나의 1/4에 해당한다. 약 4킬로미터 길이.

역　주

251

81) 육욕천(六欲天) : 욕계의 여섯 하늘([주69] '사대왕천' 참조).

82) 삼십삼천 : 육욕천 가운데 아래에서 두 번째의 하늘로 수미산 정상에 있다고 하며 지상에 사는 신들 가운데 가장 높은 곳에 위치해 있다. 이 하늘은 중앙에 제석천이 있고 사방으로 각각 여덟 명의 하늘이 있으므로 33천이라고 한다. 다른 이름으로는 도리천(忉利天)이라고도 부른다.

83) 코티 : 수(數)의 단위로 만억(萬億)을 말함.

84) 〈나라카의 길〉 : 부처님의 최초 설법 후 8일째에 설한 가르침으로 《숫타니파타》 제11장에 전해지고 있다.

85) 첫번째 단계의 선정 : 욕계를 뛰어넘어 색계에 들면 선정의 깊이에 따라 네 가지의 선정 단계가 있다. 그 제1단계를 가리키나, 여기서는 제2~4단계의 선정이 이어지는 것이 아니므로 태자가 욕망을 떠나서 비로소 선정의 경지에 들게 된 것을 의미한다. [주22] '여덟 가지 삼매' 참조.

86) 세 계절 : 인도에서는 계절을 나누는 방법이 여러 가지 있는데 여기에서는 1년을 겨울·여름·우계(雨季)의 셋으로 나누고 있다.

87) 세 가지 어리석음의 세계 : 사람이 삼계(욕계·색계·무색계)에 생존해 있는 상태. [주29] '삼계' 참조.

88) 우사파 : 길이의 단위로서 140핵타의 길이. 따라서 1우사파는 약 70미터에 달한다. [주46] '핵타' 참조.

89) 아수라 : 인도 고대신화에서 전투를 즐기며 언제나 인드라 신(제석천)과 싸워 천궁을 위협하기도 하며, 태양이나 달을 습격해서 일식과 월식을 일으키기도 한다는 일종의 귀신. 불교에서는 욕계에서의 여섯 갈래〔六道, 六趣〕의 하나로 헤아리고 있다. [주29] '삼계' 참조.

90) 이쉬파타나 : 바라나시 교외(현재의 베나레스에 위치한 사르나트)에 있었다고 전해지는 수행자들이 모이는 장소.

91) 다섯 가지 위대한 꿈 : 보살이 부처가 된 것을 암시하는 다섯

가지 꿈. ① 스스로가 히말라야산을 베개로 하고 대지를 침상으로 삼아 북쪽을 향하여 누워 있다. ② 그 배꼽으로부터 덩굴풀이 늘어져서 하늘까지 닿는다. ③ 발에서 하얀 벌레가 기어올라온다. ④ 네 마리 새가 날아올라 보살 앞에서 새하얗게 된다. ⑤ 분뇨더미를 산책하지만 더럽혀지지 않는다.

92) 칼라 용왕 : '칼라'란 팔리어로 '검은색'을 의미함과 동시에 '시간'이라는 의미이기도 하다. 이 용왕은 시간을 담당하는 역할을 갖고 있으며 그 수명은 1겁에 이른다. 여기서는 오랜 연월이 경과했다는 것을 의미하고 있다.

93) 유정천(有頂天) : 선정(삼매)에 의한 최고의 상태로서 무색계([주 29] '삼계' 참조)의 가장 높은 하늘.

94) 비쟈유탈라 : 제석천이 언제나 갖고 다니는 소라고둥의 이름.

95) 네 가지 조건 : 암흑 중에서도 다음의 네 가지 요건을 갖추게 되면 가장 큰 암흑이라고 한다. ① 태양이 사라진다. ② 초승달의 포살을 행하는 밤, ③ 울창한 밀림 속, ④ 큰비가 몰아닥칠 때.

96) 다섯 가지의 큰 보시 : 부처님이 되기 위해 보살이 행해야 할 보시 중에서도 가장 중요한 것에 다섯 가지가 있다. ① 아내, ② 자식, ③ 왕국, ④ 생명, ⑤ 신체. 부처님은 그 전생에 보살로서 이같이 궁극적인 자기 희생을 감수하며 아주 어려운 보시를 수없이 많이 행하여 왔다. 그 내용이 본생경이다.

97) 천안(天眼) : [주27] '육신통' 참조.

98) 연기(緣起) : 모든 현상은 어떤 원인에 의해 결과로서 나타난 것이며, 어떠한 것이든 인간의 지성과 감성의 대상이 되는 것이라면 모두 원인이라든가 조건에 의해 규정되어 있다는 원리. 이 원리는 부처님이 보리수 아래에서 인간존재의 괴로움의 원인을 추구하여 비로소 개발된 것이다.

99) 열두 가지 연기의 모습 : 불교에서의 인생의 문제추구와 해결의 방법론(십이연기라고 한다). 인간의 고통을 늙음과 죽음이

역 주
253

라고 간주하고 그 원인을 구명하여 마침내 최종적인 근본원
인인 무명(無明 : 진리에 미혹한 것)에 이르기까지 갈애(渴
愛) 등 열두 가지 항목이 있다. 그와 같은 문제추구의 방법론
이 '연(緣)의 양식을 차례로 고찰'하는 것이고, 그러한 늙음
과 죽음이 멸하면 무명도 멸한다고 하는 문제해결의 방법론
이 '연의 양식을 역순으로 고찰'하는 것이다.

100) 《율장(律藏)》: 불교교단의 규율을 기록한 경전, 즉 계율을 수
록하고 있는 경전.

101) 《논장(論藏)》: 부처님의 가르침을 분석, 정리, 주석, 요약 등
의 방법으로 연구한 것을 집대성한 문헌군. 따라서 《논장》은
불제자나 후대 고승들의 저술에 해당되는 것인데 전통적인
불교 전승에 의하면 《논장》은 부처님의 깨달음의 내용이며
불설(佛說)로 신봉되고 있다.

102) 《7론(七論)》 : 남전불교에 있어서 《논장》에 포함된 가장 기
본적인 일곱 개의 문헌.

103) 아지비카 파(派) : 흔히 '사명외도(邪命外道)'라고도 번역되
며 벌거벗은 수행[裸行]을 하는 학파로서 막칼리 고살라를
그 조사(祖師)로 삼는다. 부처님의 가르침에 강하게 대립하고
있던 학파.

104) 예류과(預流果) : 부처님의 가르침을 밟아 수행한 결과 불교
의 네 가지 성현의 단계 중 가장 첫 단계에 들어섬을 가리킴.
[주 41] '네 가지 으뜸가는 경지' 참조.

105) 안거(安居) : 우계(雨季)가 되면 비구들이 도시에 가까운 일
정한 곳에 정착하여 공부와 수행에 전념하는 일.

106) 타오르는 불에 비유한 설법 : 부처님이 이 산상(山上)에서
설법하실 때, 마침 황혼 무렵이라 하늘 한편에 아름다운 노을
이 붉게 물들어가고 있었다. 그 광경을 비구들에게 가리키시
며 모든 것은 저렇게 붉게 타오르는 불과 같은 것이므로 그
러한 줄 알고 깊이 싫어하는 마음을 일으켜 어리석음으로부

터 해탈해야 한다고 설하셨다(《율장》의 〈마하박가〉라는 장에
서 이 설법이 기술되고 있다).

107) 사성제(四聖諦) : 인생의 문제해결을 위한 네 가지 진리. ①
인생은 괴로움이다. ② 괴로움의 원인[集]은 갈애(渴愛)이다.
③ 갈애를 멸한 상태가 열반이다. ④ 열반에 이르는 길(방법)
로서 팔정도(八正道)가 있다. 이상의 고(苦), 집(集), 멸(滅),
도(道) 네 가지 진리를 사제(四諦)라고 부르며 부처님의 기
본적인 가르침인 것이다.

108) 다섯 가지 소원 : 왕이 옛날 왕자였을 때 가졌던 다섯 가지
소원. ① 왕위에 오르는 것, ② 깨달은 이가 나라에 오는 것,
③ 그 사람을 존경하는 것, ④ 그 사람의 설법을 듣는 것, ⑤
그 가르침을 이해하는 것.

109) 열 가지 머무름 : 해탈을 추구하는 비구가 의지해야만 할 열
가지 실천항목으로, 버리고 끊음[捨斷], 갖춤[具備], 잘 지키
고 보호함[守護] 등의 열 가지 항목이 있다.

110) 열 가지 가르침 : 사람에게는 결코 저질러서는 안 될 살생
등의 열 가지 악행이 있는데 그것을 돌이켜서 적극적으로 불
살생 등의 선행을 해야만 한다고 이르는 가르침.

111) 열 가지 특질 : 아라한이 갖추고 있는 '올바른 것을 보는
일' 등의 열 가지 특질.

112) 신족통(神足通) : [주27] '육신통' 참조.

113) 발우를 받아 주십시오 : 부처님께 출가할 것을 허락받았을
경우, 걸식에 필요한 발우를 받는데 그 출가를 단념하여 부처
님께 발우를 다시 돌려 드리기 위해 하는 말.

역 주

255

본생경 해설

〈1〉

　부처님의 전생에 대하여 전해오는 이야기를 《쟈타카 Jataka(本生經, 本生譚, 前生譚)》라 한다.

　부처님과 같이 위대한 인격자가 이 세상에 태어난 이후부터 닦은 수행만으로 무한한 진리를 터득한 깨달은 자가 될 수 있다는 것에 대해서 당시의 많은 불교인들은 쉽게 이해할 수 없었다. 그가 깨달음을 이룬 것은 ‘먼 과거세부터 수많은 생애를 거쳐오면서 끊임없이 쌓아온 무수한 선근과 공덕의 힘’이라고 여겼기 때문이다. 그리하여 지금 우리가 읽는 것과 같은 부처님의 전생 이야기(여기서 그는 붓다나 불타가 아닌 ‘보살’이라 불린다)가 생겨났고, 더 나아가서는 한없는 과거와 전생으로 거슬러 올라가 그 속에서의 부처님의 선행 및 덕행을 그리는 수많은 쟈타카(전생 이야기)가 출현하게 되었다. 이것은 어쩌면 퍽 자연스러운 일이었다고 말할 수 있다. 그리고 그러한 쟈타카는 다시 수많은 쟈타카로 발전하여 한 권의 책으로 묶여졌다. 기원전 3세기 말경이나 2세기 초 무렵에는 이미 몇 가지 쟈타카가 인도 불교사회에 널리 알려져 있었다. 이러한 증거를 우리는 고고학적인 유물에서 찾아낼 수 있다.

그러나 그것들이 —쟈타카의 소재가 된 것들— 모두 본디부터 불교사회의 소산이라고는 말할 수 없다. 오히려 대부분의 것들은 당시 인도사회에서 일반적으로 널리 퍼져 있던 설화이고, 그 중에는 석존시대보다도 훨씬 먼저 생긴 것도 있다. 그리고 쟈타카 중에는 《판챠탄트라》라든가 《히토파데샤》 등등, 인도 우화집의 내용과 거의 비슷한 것들도 있으며, 나아가서는 멀리 이솝우화나라·퐁테즈 등의 서구 설화문학과 관련된 요소도 있다.

그러므로 쟈타카는 주로 고대 인도의 민속 중에서 생겨난 '교훈 이야기' 같은 것들이 불교에 채용되어 붓다의 전생을 이야기하려는 의도로 바뀌어져, 불교도 사이에서 널리 구전되어 온 것이라고 할 수 있다.

불교사회의 민중들에게 이 이야기가 널리 애송되어 왔다는 사실은, 아시아 각 지역 즉 간다라, 중앙아시아, 인도네시아의 보로브둘, 중국의 용문석굴 등의 쟈타카를 소재로 한 조각과 벽화에서도 쉽게 찾아볼 수 있다.

쟈타카에서 보살(석존의 전신)은 때로는 사슴이나 원숭이, 코끼리나 토끼였으며, 또 때로는 비둘기나 메추라기이기도 하였고 가끔은 지체높은 고관대작이거나 부유한 상인, 그리고 때로는 나무신〔樹神〕이나 용(龍)이기도 했다. 그와 같은 여러 가지 모습으로 생애를 살아가는 보살이 각각의 이야기 속에서 대부분은 주인공으로, 때로는 조연으로 등장하여 장차 석존이 되기 위한 숭고한 덕행을 쌓았으며, 혹은 장래의 석존에 걸맞는 현명함과 기지를 보여주기도 했다. 뿐만 아니라 때로는 전혀 석존답다고 느낄 수 없을 정도로 세상물정에 밝은 재치와 지혜를 보여주곤 한다.

〈2〉

현재 우리에게 잘 알려져 있는 쟈타카에는 팔리어로 전해지는 것과 산스크리트어로 전해지는 것, 한문번역이나 티베트 번역으로 전해지는 것 등이 있다. 그리고 이야기의 수는 총 900편을 넘는 것으로 헤아려지고 있다. 그러나 동일한 이야기가 여러 형태의 전승(傳承) 속에 중복되어 전해지고 있는 것도 상당수이므로, 그것을 정리한다면 전체적으로 대략 500여 편 남짓하게 된다.

이야기들은 여러 개를 모아 한 권의 책으로 엮는 경우도 있고 개별적으로 전승되어 온 경우도 있다. 때로는 경전이나 율전 가운데에 쟈타카가 포함되어 전해지는 경우도 있다.

지금 여기에 번역된 것은 팔리어로 전해지고 있는 초기불전의 5니카야 가운데 그 다섯 번째 부분인《쿳다카 니카야(小部經典)》의 15가지 경전 중에서 열 번째로《쟈타카》라는 제목이 붙여진 경전에서 발췌한 것이다.

이《쟈타카》는 로마나이즈자(字)로 간행된 판본으로 무려 3,000페이지를 넘는 대작이며, 547개의 이야기를 수록하고 있다. 오늘날에 전해지고 있는 쟈타카류의 여러 집록(集錄) 중에서는 가장 방대한 것이다.

그러나 이 방대한 전적 자체는 원전의 서문에서도 기술하고 있듯이, '쟈타카'라는 제목이 붙어 있기는 해도, 쟈타카가 아니라《쟈타카 석의(釋義:판나나)》라는 것이다. 다시 말하면 이 책에서〈쟈타카〉라고 한다면 바로 하나하나의 전생 이야기 중에서 보살이 설한 —때로는 보살이 아닌 다른 존재가 설한— 게송의 부분, 혹은 전생 이야기를 모두 마친 후에 석존이 노래했다고 하는 게송 부분만을 가리키고 있다. 따라서 그 게송 부분을 중심으로 전개되는 산문의 이야기와, 그 설명의 부분을《석의》의 작자가 전한 것으로 보여진다.

《석의》의 작자가 누구인지는 밝혀져 있지 않다. 그러나《쟈타카》의 현재 형태가 이루어진 것은 대략 5세기 무렵이라고 추측된다.

　《석의》의 작자는 쟈타카를 시작하기에 앞서 세 가지 〈인연 이야기〉를 서론삼아 붙인 이유라든가, 또는 세 가지 인연 이야기가 어떠한 것인가에 대해 이미 원전의 '서론' 속에서 이야기하고 있다.

　그리고 본생경 ①권에 수록된 《니다나카타(인연 이야기)》 부분은 완역한 것이다. 쟈타카의 서(序)에 해당하는 인연 이야기는 크게 셋으로 나뉜다. 〈오랜 인연 이야기〉·〈그다지 오래지 않은 인연 이야기〉·〈가까운 인연 이야기〉가 그것으로 이 세 이야기를 통틀어 《인연담》이라 부르며 《본생담》의 서두를 장엄하게 장식하고 있다. 《니다나카타 Nidana-katha(因緣譚)》의 제1장 〈오랜 인연 이야기〉는 디팜카라 부처님으로 시작하는 과거세의 모든 부처님들의 긴 계보와, 그 모든 부처님 아래에서 무한히 쌓아온 보살행과 수기(受記, 석존으로부터 장래 반드시 깨달음을 열 것이라는 예언을 받는 것), 나아가 뒤에서 이야기 될 쟈타카와의 연관을 말하고 있다. 그 직접적인 자료는 역시 《쿳다카 니카야》 속에 들어 있는 《붓다밤사》나 《챠리야피타카》이다. 그런데 이것은 산스크리트문으로 전해지는 《라리타비수타라》나 《마하바스투》 등에서 전하는 바와도 대응하고 있다. 디팜카라 부처님은 석가모니 부처님(고마타 붓다)보다 훨씬 앞선 과거세의 부처님들 가운데 가장 오래된 부처님으로서, 원시불전과 대승불전을 통해서 종종 언급되어 왔다.

제2장 〈그다지 오래지 않은 인연 이야기〉와 제3장 〈가까운 인연 이야기〉는 보통 불전(佛傳 : 석존의 전기)이라 불리고 있다.

도솔천에 있던 보살이 흰 코끼리로 모습을 바꾸어, 마하마야 왕비의 태에 머물다가 룸비니 동산에서 탄생하는 것으로부터 시작하여, 네 곳 성문 밖에서 느낀 인생에 대한 무상〔四門出遊〕, 외아들인 라훌라의 탄생, 챤나와 함께 몰래 성을 나와서 출가하고, …… 고행하고, …… 그리고 고행을 버리는 일 등을 거쳐 악마를 항복시키고 깨달음을 열어 붓다가 되기〔成道〕까지가 〈그다지 오래지 않은 인연 이야기〉로 전해지고 있다.

성도 직후의 온갖 사건, 범천(브라흐마)에 의한 설법 간청, 최초의 설법, 라쟈가하(왕사성)로 들어가는 일, 카필라바스투를 찾아가는 일, 제타 숲의 정사(기원정사)를 보시받는 일 등이 〈가까운 인연 이야기〉로 전해지고 있다.

모두가 부처님의 생애에 있어 사적(事蹟)이며 그 모습은 종종 불교미술의 소재가 되어 초기불교도에게 익숙해져 왔다.

〈3〉

쟈타카는 총 22부 547편의 이야기를 담고 있다. 물론

이보다 훨씬 많은 숫자의 쟈타카도 있다고 하지만 지금 우리가 접할 수 있는 것은 547편의 이야기들이다. 22부로 나눈 기준은 그리 분명하지 않다. 다양한 이야기들이 각 부마다 고루 들어가 있다.

쟈타카의 구성은 먼저 머리말의 역할로서 〈현재이야기〉가 등장한다. 현재 부처님과 승단에 그리고 재가사회에 일어나고 있는 이야기가 나오면서 전생이야기가 실리는 계기를 마련해주고 있다. 이어서 부처님은 이 현재의 사건은 우연히 이번 한 생에만 일어난 것이 아니라 과거에도 똑같은 일이 있었음을 밝히며 자연스럽게 〈전생이야기〉를 소개하는 것이다. 쟈타카의 본론에 해당하는 것이다.

전생이야기 속에서 부처님은 어진 신하도 되고 동물의 왕이 되기도 한다. 또 사건을 일으킨 사람도 역시 동물의 몸이 되기도 하고 또는 현생과 똑같은 입장의 인간의 몸을 취하기도 한다. 그리고 나서 그 전생이야기의 주인공들은 지금 현재의 누구누구의 몸이었다는 〈관련이야기〉를 끝으로 하여 이야기를 끝맺는다. 이 구성은 547편의 이야기에 일관되게 적용되고 있다(다만 현재이야기가 거듭 반복되어 두세 편의 전생이야기를 이끌어내는 경우도 있다).

쟈타카를 읽다보면 이 이야기들이 단순히 우화를 들려주려는 생각에서 만들어진 것이 아님을 알 수 있는데 그것은 이 쟈타카의 내용들이 율장의 성립과 지대한 관계를 지니고 있기 때문이다.

예를 들어 재가인들의 시주에 지나친 욕심을 낸 어떤 비구니로 인하여 마늘을 먹어서는 안 된다는 항목이 새로 설정되는가 하면 여섯 무리의 비구로 인하여 사악한 행동, 난폭한 말을 삼가하라는 계율이 새로이 규정되고 있다. 인간의 행동 하나하나가 모두 어떤 일을 연유하여 일어나고 있는 것을 생각해볼 때 쟈타카 즉 본생이야기가 이토록 많이 전해지고 있는 것은 이상하게 생각할 만한 일이 아닌 것은 분명하다.

부처님을 중심으로 한 승단이 나날이 번창함에 따라 승단에는 하루도 일이 생기지 않는 날이 없었을 것이다. 뿐만 아니라 부처님에게 믿음을 갖고 있는 재가인들이 늘수록 그들과 관련된 일은 수없이 많이 생겨났을 것이다. 이런 모든 사항들에 관련하여 부처님은 진리를 설하시고 업보를 설하시며 해탈의 길을 넌지시 제시하고 계시는 것이 바로 쟈타카인 것이다.

〈4〉

쟈타카에서 부처님은 다양한 모습으로 출연하고 있다. 그도 그럴 것이 이 한 생에 부처를 이루자면 얼마나 많은 전생을 거쳐오면서 선업을 쌓았어야 했을까 생각하면 그것은 아주 당연한 일일지도 모른다. 가장 많이 모습을 드러내는 것은 왕을 보필하면서 바른 통치를 하도록 조언하는 대신이나 사제의 역할이다. 이것은 비록 출가를 지극한 선택으로 여기던 원시불교에 있어 재가 사회의 체제를 존중한 현실적인 의미를 담고 있는 것이 아닐까 한다. 물론 오로지 세속의 이치에만 따르는 것은 아니다. 정법에 입각하여 나라를 다스리며 왕은 백성을 위하여 언제나 삼가하고 덕을 베풀며 그들의 노예가 되어야 한다고 암시하고 있는 것이다. 지고한 세속의 원리는 출세간의 이치에도 통함을 알 수 있는 대목들이다.

한편 부처님은 다양한 동물의 모습을 취하고 있다. 이 쟈타카가 서양에 널리 퍼져 있는 이솝우화의 원천이 되고 있음은 새삼 말할 필요가 없다. 인간이 이성을 상징한다면 동물은 본능을 상징한다고 할 수 있다. 그런데 동물의 몸을 빌려서 수행자를 공경하고 진리를 설하고 자신을 희생해야 함을 강조하는 이 쟈타카의 이야기들은 인간중심의 진리에서 한 걸음 더 나아가 생명존중의 진리에까지 확대되는 세계관을 엿보게 하여 준다.

부처님은 전생이야기를 들려주시면서 언제나 이렇게 말씀하시기 때문이다. "동물도 그러하거늘 어찌 인간이 그러지 않을 수 있겠는가?"

또한 쟈타카에서 부처님은 관찰자의 입장에 서있기만 하는 경우도 있다. 세속의 이치에 밝은 현명한 사람이나 또는 자연의 어떤 신의 모습을 취하고 눈앞에서 벌어지는 세속의 현장을 그대로 묵시한 다음에 그에 관해 짤막한 게송 하나로 한탄하는 이야기를 말한다. 이런 이야기를 통해서는 부처님이라는 존재는 세상의 주재자로서 모든 일에 나서며 관장하는 권력 —비록 정신적인 것이나마— 을 가진 인물로 비추어지기 보다는 모든 것을 초탈하여 세상을 그대로 관조하면서 그들의 비뚤어진 모습을 우리들에게 여실하게 비춰주는 현명한 노인의 이미지마저 풍기는 것이다.

쟈타카는 출세간의 진리만을 우리에게 말하지는 않는다. 목숨을 가진 현생의 모든 중생들이 중시하는 세속의 원리도 그대로 강조하고 있기 때문이다. 주인의 재산에 욕심이 생겨 거만한 마음을 품은 '거만한 하인' 이야기, 눈앞에서 성가신 존재를 쫓아냈다가 숲이 허물어지는 결과를 초래한 어리석은 나무신의 이야기('황폐해진 숲'), 아내의 바람은 오직 남편의 사랑임을 강조하는 '삼브라의 사랑' 이야기 등 이루 말할 수 없을 정도로 많은 이야기들이 세상의 가치를 그대로 담아내고 있다.

그도 그럴 것이 쟈타카에 일관되게 흐르는 인과응보, 보시의 사상은 베푼 만큼 받고 저지른 만큼 당한다는 세상의 이치에 가장 잘 들어맞는 것이기 때문이다. 다만 베풀려면 지극히 선량한 마음으로 베풀어야 하며 사악한 일을 당하여도 앙갚음하려는 마음을 지니지 말아야

한다는 종교적인 원칙은 고수하고 있음은 말할 필요가
없다.

〈5〉

  쟈타카는 장엄하고 준엄한 여느 경전과는 달리 친숙
하게 우리들이 다가갈 수 있는 유일한 경전이기도 하다.
부처님의 가르침을 따르는 불제자는 물론이요, 타종교
인, 그리고 종교를 갖고 있지 않는 사람들… 이 모두가
어렵지 않게 읽어내려갈 수 있는 경인 것이다.
  먼저 부처님의 인연이야기를 통해 세상의 구세주인
부처님은 어떤 인연으로 깨달음을 얻게 되었는지, 그리
고 부처님의 계보를 읽고 종교적인 감흥에 크게 설레인
다면 그 다음 쟈타카로 자연스레 넘어가는 것이다. 쟈타
카를 통해서 우리의 옛 사람들은 어떤 난관을 어떻게
슬기롭게 대처하고 풀어나갔는지를 배우는 것은 현실을
살아가는 우리의 처세술에도 커다란 보탬이 되는 삶의
지침서를 만나는 일이다.
  547편의 이야기를 모두 싣지 못한 것이 아쉽지만 손
에서 놓친 콩 한 알을 주으려다 모든 콩을 다 잃고 만
원숭이의 교훈처럼 우선 이 이야기들을 통해서 가장 쉽
고 가장 현실적인 부처님의 말씀을 접해보는 것도 ‘일
대사인연’을 맺는 일이 아닐까 한다.

해 설

역자소개 : 이미령

강원도 출생,
1982년 동국대학교 불교학과에 입학하여
동 대학교 불교학과 대학원에서 석사과정 졸업.
《불교의 서구적 모색》,《붓다의 과거세 이야기》,
《기쁨의 언어 진리의 언어》,《수필로 쓴 불교》,
《부처님이 십대제자》 전 5권 등을 번역하였다.
현재 원고집필과 불교서적 번역, 교열 등의 작업에
참여하고 있다.

불교경전 ⑲
본 생 경 ①
1996년 12월 25일 초판 1쇄 발행
2023년 1월 30일 초판 5쇄 발행

역 자 ― 이 미 령
발행인 ― 윤 재 승
ⓒ 발행처 ― 민 족 사
등록 제1-149호, 1980. 5. 9.
서울 종로구 삼봉로 81 두산위브파빌리온 1131호
전화 (02) 732-2403 ~ 4, 팩스 (02) 739-7565
홈페이지 // www.minjoksa.org
E-mail / minjoksabook@naver.com

값 14,500원
ISBN 978-89-7009-178-5 04220

• 경전은 부처님의 말씀입니다.
• 경전을 소중히 합시다.